私の見た「創価の世界」

聖教新聞社 中国支社・編

第三文明社

発刊に寄せて

中国広布六十周年記念出版「私の見た『創価の世界』」の発刊、誠におめでとうございます。

今や創価学会は、世界百九十二カ国・地域にメンバーが広がり、国内でも大きな社会的存在となりました。そして、池田大作SGI（創価学会インタナショナル）会長のリーダーシップのもと、仏法の人間主義を基調とした平和・文化・教育運動、そして、地域貢献の幅広い活動に、高い評価と注目が寄せられています。

なかんずく、中国創価学会の歴史は、創価の師弟に貫《つらぬ》かれた、民衆救済のための死身弘法《ししんぐほう》の大闘争のなかに築かれました。

その原点は、池田大作第三代会長が、一九五六年（昭和三十一年）十月八日、岡山に第一歩をしるし、翌九日から維新回天《いしんかいてん》の地で展開した「山口開拓指導」です。当時、山口の学会員は、わずか四百数十世帯。池田先生は、この地を日本の〝急所〟と見定めて開拓してくださり、短時日で四千数十世帯に。何と、およそ十倍に飛躍したのです。

その後も「大中国の建設の親」として、五十五回にわたって中国方面を訪れ、渾身《こんしん》の力で勇気と希望を贈り続けてくださいました。私たち弟子も、その師恩《しおん》に応《こた》えんと誓願を立て、数々の剣難《けんなん》の峰《みね》を乗り越え、今や数十万の〝地涌《じゆ》の友〟でにぎわう大中国に発展しました。

かつて先生は、「近隣友好においても、地域の貢献においても、青年の育成においても、わが中国創価学会は、模範と光っている。社会からの信頼も絶大である。『陽出《ひい》ずる中国の世紀』が到来した」と語られました。まさに、この本に収められている有識者の方々の信頼の声こそが、その証明であると確信します。

本年十月、池田先生が中国方面を初めて訪問して、六十周年という佳節を迎えます。うれしいことに、その意義をとどめるために、本年四月に東京・八王子で撮られた写真を表紙に掲載していただきました。かつて先生が「平和の園《その》」と写真紀行で紹介してくださった、牧口記念庭園内にある東屋《あずまや》「連翹亭《れんぎょうてい》」の風景です。

最後に、お忙しいなかでインタビューに快《こころよ》く応じ、率直《そっちょく》な声をくださった皆さまに、心から御礼申し上げます。そして、本書が読者の皆さまにとって、学会理解を深める機会となることを念願しています。

二〇一六年十月八日

創価学会　中国長　篠原康司

中国婦人部長　池上純代

私の見た「創価の世界」　もくじ

発刊に寄せて…………3

広島県

檜山洋子さん（財広島県女性会議　前理事長）…………12
原田康夫さん（広島市現代美術館　館長）…………14
宇田　誠さん（ひろしま美術館　館長）…………16
上田みどりさん（広島経済大学　教授）…………18
松田　元さん（広島東洋カープ　オーナー）…………20
大之木精二さん（財呉市文化振興財団　理事長）…………22
沼田鈴子さん（被爆体験の語り部）…………24
津谷静子さん（ＮＰＯ法人モースト　理事長）…………26
田邊雅章さん（株ナック映像センター　代表取締役・プロデューサー）…………28
中村徳子さん（ＮＰＯ法人乳幼児の救急法を学ぶ会　理事）…………30
内田陽一郎さん（広島県合唱連盟　理事長）…………32

佐藤明久さん（福山市日本中国友好協会　会長）……34
宮前道子さん（ラジオパーソナリティー）……36
坪井　直さん（日本原水爆被害者団体協議会　代表委員）……38
藤井正一さん（ひろしま通訳ガイド協会　会長）……40
岡田恵美子さん（㈶広島平和文化センター　被爆体験証言者）……42
坂東素子さん（在宅ワーク支援センター　所長）……44
大下龍介さん（㈱福屋　代表取締役会長）……46
北川建次さん（広島ユネスコ協会　会長）……48
松原美代子さん（ヒロシマの心を伝える会　代表）……50
森元弘志さん（学校法人広島文化学園　理事長）……52
片岡勝子さん（核戦争防止国際医師会議（ＩＰＰＮＷ）日本支部　事務総長）……54
中川健造さん（中川美術館　館長）……56
畑口　實さん（広島平和記念資料館　元館長）……58
小倉桂子さん（平和のためのヒロシマ通訳者グループ（ＨＩＰ）　代表）……60
川本一之さん（中国新聞社　特別顧問）……62
原田　浩さん（広島平和記念資料館　元館長）……64
二宮　皓さん（比治山大学・比治山大学短期大学部　学長）……66
大谷博国さん（㈱にしき堂　代表取締役社長）……68

岡山県

池田武彦さん（㈱おかやま財界　社長）……72
池上淑恵さん（おかやま女性国際交流会　会長）……74
田主智彦さん（岡山県浅口市　前市長）……76
金谷安子さん（イーブくらしきネットワーク　学習・文化部　部長）……78
室山貴義さん（倉敷市文化連盟　会長）……80
吉田達史さん（岡山県書店商業組合　理事長）……82
時實達枝さん（㈳日本中国友好協会　全国女性委員会　元委員長）……84
西本和馬さん（岡山県商工会連合会　会長）……86
重森計己さん（吉備中央町　前町長）……88
武田修一さん（岡山県中小企業団体中央会　名誉会長）……90
村上進通さん（岡山県農業協同組合中央会　元会長）……92
千葉喬三さん（学校法人就実学園　理事長）……94
劉　勝徳さん（岡山県華僑華人総会　会長）……96
髙谷茂男さん（岡山市　前市長）……98
小谷秀成さん（岡山県医師会　元会長）……100
越宗孝昌さん（山陽新聞社　代表取締役会長）……102

山口県

二井関成さん（山口県立美術館　館長）……138
右田信行さん（山口県歯科医師会　会長）……140
脇　和也さん（全国郷土紙連合　会長／宇部日報社　代表取締役社長）……142
杉山久美子さん（山口県行政書士会　会長）……144
川崎敦將さん（㈱太陽家具百貨店　代表取締役会長）……146

鳥取県

西尾邑次さん（元鳥取県知事）……150
足立統一郎さん（境港商工会議所　名誉会頭）……152
坂根國之さん（ＪＡ鳥取中央　名誉理事相談役）……154
川端恵美子さん（米子国際交流協会　事務局長）……156
赤木三郎さん（鳥取大学　名誉教授）……158
荒井玲子さん（鳥取県人権問題講師団　講師）……160
長谷川泰二さん（とっとりコンベンションビューロー　理事長）……162
杉本良巳さん（「米子市歴史館」運営委員会　運営委員長）……164

島根県

山本寿子さん（松江市ボランティアセンター　所長）……168

【凡例】

一、本書の編集にあたり、八十五人の掲載者を各県別に分け、聖教新聞掲載順に収録させていただきました。また、加筆・修正をした箇所があります。

一、本文中に登場する人物の肩書は、原則として新聞掲載時のものです。

一、文末に新聞掲載日を記しました。

広島県

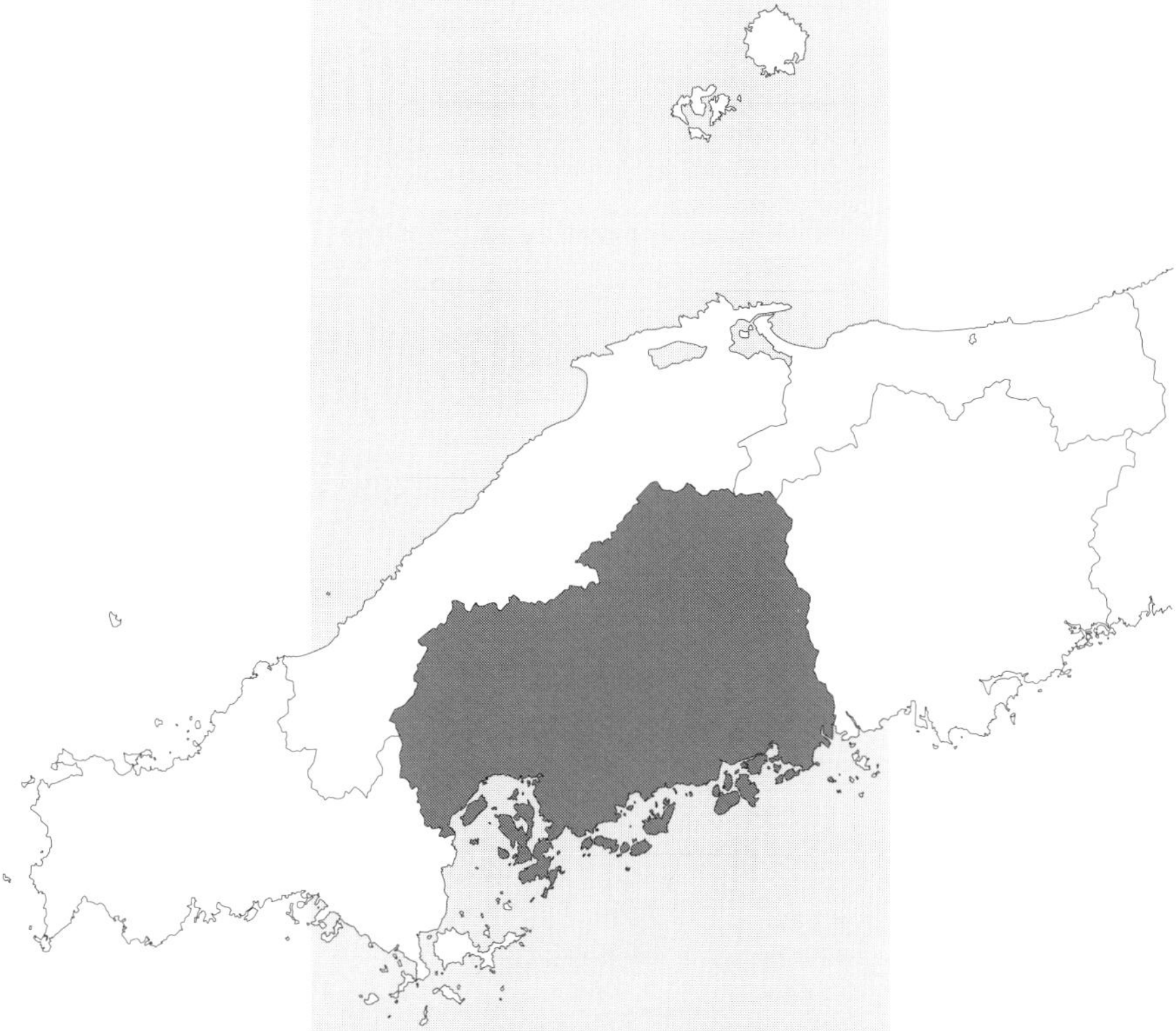

創価学会は〝人材育成の鑑〟ですね！

(財)広島県女性会議　前理事長
檜山洋子さん

ひやま・ようこ
兵庫県出身。広島県女性会議理事長、「広島県の女性の地位向上と社会参加をすすめる会」運営委員長などを歴任する。

私が、創価学会の方と、初めてお付き合いをするようになったのは、かれこれ三十数年前のことです。長男が通っていた学校のＰＴＡ役員に、学会員さんがいらっしゃいました。

当時は、そのご夫妻の誠実な人柄に感心しきり。何をするにしても献身的に振る舞われるお二人に、魅《み》せられておりました。

実を申しますと、そのころ、創価学会という名前は知っていましたが、「学会」とは〝学者の集まり〟とばかり思い込んでいました。それが知ってびっくり。宗教団体だったんですね（笑い）。

その後、広島県教育委員を務めていた時期や、(財)広島県女性会議の理事長職にあった十年間、折《おり》あるごとに、展示会や主張大会などに誘っていただき、学会員さんとのお付き合いも多くなりました。

そうしたなか、いつも驚《おどろ》かされるのが、創価学会のなかでは、若い世代が次々と育っていること。どんな催《もよお》しでも、若い人たちが主体的に運営し、責任を担《にな》って活躍しておられる。

そして何より、気持ちの良いおもてなし。それが、とってつけた優しさではなく、真心で尽くしてくださる。私のような門外漢《もんがいかん》でも居心地がよく、〝また来たいな〟と思ってしまう。大勢の方がこの感動を体験されたと思いますよ。

今、どこの世界でも、後継者の育成に躍起《やっき》です。そんな時代のなかで、池田SGI会長の指導のもとだからなのでしょうか。平和・文化・教育という理念を掲げて、多くの青年を育てている学会は、「人材育成の鑑《かがみ》」の存在ですね。


私の周りには、「男女共同参画《さんかく》の社会に！」「女性の地位向上を！」と声高《こわだか》に謳《うた》う人はたくさんいます。でも、いざ若い力を結集しようとすると、現実は厳しく、足踏みしがち。

そんな人たちに、私は、こうアドバイスすることがあります。

「夜七時ごろ、広島駅近くの学会の会館（広島池田平和記念会館）の前に立って、ご覧なさい。どれだけ多くの青年たちが集まってくるか。それも、仕事帰りの疲れも見せず、生き生きと……」

「自分たちができないことを、学会はやっているのです。謙虚《けんきょ》な心で〝人の集め方、育て方〟を学びましょうよ！」


（二〇〇八年五月三十日付掲載）

池田会長は一人一人の力を引き出す天才

広島市現代美術館　館長
原田康夫さん

はらだ・やすお
1931年、広島県生まれ。医学博士、広島大学名誉教授、日本予防医学会名誉理事長。広島大学医学部長などを経て、93年に広島大学学長に就任。退職後は、広島市病院事業管理者などを経て、広島市現代美術館館長を務める。

私が創価学会の皆さんと親しくなったのは広島大学学長を務めていた十年以上も前のことです。メディアで騒《さわ》がれているような偏見《へんけん》はなく、広大卒業生のなかに多くの学会リーダーがいると聞き、むしろ親近感を覚えました。それ以来、予定が合う行事には参加しています。

招待を受けた行事で印象深かったのは、東京富士美術館が企画した「大ナポレオン展」です。ナポレオンが愛用していた物やフランスの国宝をはじめとした展示に感銘《かんめい》を受けました。

また、本当に驚《おどろ》かされたのは、一般の展示よりも圧倒的に展示品の数が多い。しかも、実際に使用していた貴重な物ばかりです。

現在、美術館の館長を務めているからこそ思うのですが、海外から物品を集めるだけでも大変なことです。よっぽどの信頼関係がないと出品してもらえないものです。

これは、創立者の池田ＳＧＩ会長が文化・教育・芸術に対して高い教養の持ち主であり、世界中の識者と語り合いながら結んでこられた信頼の証しだと感じてなりません。

また、今日の創価学会の発展があるのは、ＳＧＩ会長が隅々まで会員に目を配りながら、一人一人の力を引き出す天才だからだと思います。

今や、どの組織でも人材不足です。次の世代が肝心です。青年部の皆さんが、ＳＧＩ会長の精神を受け継ぐ人材に成長し、創価学会員である自覚と誇《ほこ》りを持って、地域・社会で活躍されることを願っています。

（二〇〇八年十月三十一日付掲載）

池田SGI会長は〝世界の偉人〟

ひろしま美術館　館長
宇田　誠さん

うだ・まこと
1934年、広島県生まれ。広島銀行に入行し、岡山支店長、専務営業総本部長などを経て、2000年に広銀会長に就任。その一方で、04年からひろしま美術館理事長兼館長を務める。13年、逝去。

私は、広島銀行の頭取《とうどり》を務めていた一九九五年に、第十四回世界青年平和文化祭に出席したことや、二〇〇六年に館長として、わが美術館で「大ナポレオン展」を開催させていただいたことなど、これまで、多くの創価学会の方々とご縁《えん》を結んできました。

初めて学会の名前を知ったのは一九五一年、大学生の時です。当時の下宿先に、学会員の若い夫妻が住んでいて、会合に誘われたことがありました。

その後、広島銀行に入行し、東京支店に配属。担当区域に信濃町がありました。

あいさつのため、学会本部に行った時のこと。受付の女性が、まだ若い私にまで、親切に礼儀正しく接してくれました。また、新年のあいさつに行った帰りには、青年役員が、車が見えなくなるまで見送ってくれました。これには敬服しました。学会の青年は、良い教育を受けていると感じたのを覚えています。

こうした経験を踏まえ、新入行員のビジネスマナー研修で、学会の礼儀作法、心配りについて、よく語ったものです。

〝次の世代をどう育てるのか〟は、当たり前のようで、なかなか難しいテーマです。しかし、池田SGI会長はその課題を最重要視され、成功されています。創価大学などを創立されたのも、深いお心からであると拝察《はいさつ》いたします。

さらに、東京富士美術館をはじめとした文化交流。世界の識者との対話を通した人間交流。未来のために、さまざまな場面で世界の平和を訴えておられます。SGI会長こそ、日本が誇る〝世界の偉人〟ではないでしょうか。

私は、現代社会に必要なことは、将来を見据《す》えて、希望を持って、何事にも前向きに取り組むことだと思います。SGI会長には、世界を引っ張っていく、その行動力がおありになります。社会を明るく照らす学会に、これからも期待しております。

（二〇〇九年三月十三日付掲載）

創価学会の皆さんの情熱（パッション）に期待

広島経済大学　教授
上田みどりさん

うえだ・みどり
広島県出身。広島大学大学院を修了し、1999年から同大学講師に。「広島県青年海外協力隊を育てる会」会長、広島交響楽団理事などを務め、広島のオピニオンリーダーとして活躍する。

ある時、近所の公園で率先《そっせん》して清掃する女性の姿が目に留まったんですね。聞くと、学会の婦人部さんと言われるじゃありませんか。以来、二十年以上のお付き合いになります。

それから、民主音楽協会（民音）の公演や、学会主催の展示に招待されるようになりました。

感心したことは、市井《しせい》の庶民である学会員さんが、ハンブルク・バレエのような舞台やクラシック音楽の生演奏を通して教養を深め、トインビー展などでは、平和について真剣に考えている姿です。何に対しても〝自《みずか》らやろう〟というパッション（情熱）をお持ちですね。

池田SGI会長は平和・文化・教育にわたり、力を入れておられます。なかでも、民音を創立された文化の視点は本当に素晴らしい。

昔は、舞台や演奏を鑑賞することなんて〝高《たか》嶺《ね》の花〞でした。それを民衆が気兼ねなく行ける機会を広げたのですから。

そして、ＳＧＩ会長は人と会い、〝対話〞を重ねることを基本とされています。年齢を感じさせない行動力には、頭が下がります。

私は未来を担《にな》う女性に、二つの〝ジリツ〞を訴えています。自分の力で経済的、精神的に〝自立〞することと、自分で決めた目標に向け、自己を高めていく〝自律〞です。

これには確固たる哲学が必要だと思います。ともすると、自分のエゴにとらわれがちな昨今《さっこん》ですが〝人のために行動することを、自分の喜び〞とする自律した考え方は、宗教で説かれている「利他《りた》」の心につながり、何より大切だと感じます。学会には、そういった女性の方がたくさんいらっしゃいますね。

パッションにあふれた学会の皆さんの活躍に、今後も期待しています。


（二〇〇九年六月十九日付掲載）

学会とカープの役割は大いに似ていますね

広島東洋カープ　オーナー
松田　元さん

まつだ・はじめ
1951年、広島県生まれ。慶應義塾大学卒業後、アメリカ留学を経て、77年に東洋工業株式会社（現・マツダ株式会社）に入社し、2002年から現職を務める。

十年ほど前のこと。医師である友人が、私に語ってくれました。「体の不自由なお年寄りを病院まで連れてきてくれる。それが、決まって、お年寄りのご近所に住む学会の人なんですよ」と。その話を聞いて、私の学会に対するイメージは変わりました。

かつて訪米中に、キリスト教を中心としたコミュニティー（共同体）の存在を目にしましたが、日本にも地域に尽くす宗教のコミュニティーがあったのだと心から感嘆し、認識を新たにしたものです。

学会は、立場や世代を超えて〝人を守り、支え合う〟息吹《いぶき》に満ちていますね。池田ＳＧＩ会長が一貫して、人のため、地域のために貢献することの大切さを訴えておられるからでしょうか。

現在、カープは〝地域と地域、そして世代と世代をつなぐ〟をテーマに掲げていますが、その意味でも、学会とカープの役割は大いに似ていますね。

また、私の母、祖母が被爆者だったこともあり、〝平和の大切さを後世に伝えること〟が私の使命と感じています。この点でも、平和を最第一とされる学会と軌《き》を一《いつ》にするところです。

本年の「広島原爆の日」に、真新しい〝マツダスタジアム〟に約二千個のキャンドルをともす活動(ピースライン)を行いました。

戦後、カープ球団が、広島市民によって支えられ、復興の象徴となってきたように、新球場が新たな平和の象徴として、人々の心に〝平和の種〟をまきたいと思ったからです。

今後、学会が多様なコミュニティーと連携を取り、地域貢献、平和推進の中心軸となることを期待しています。私も、市民に愛されるカープ球団を目指して、学会と共に、平和と文化交流の一翼《いちよく》を担《にな》いたいと思います。

(二〇〇九年九月十一日付掲載)

「民衆の連帯」こそ日本の希望

(財)呉市文化振興財団　理事長　**大之木精二**さん

おおのき・せいじ
1934年、広島県生まれ。慶應義塾大学卒業後、実家の大ノ木建設(株)に入社。99年、グループ企業である(株)大ノ木ダイモの5代目社長に就任した。日本JC常任理事、広島県教育委員長、呉美術協会会長、国際ロータリー第2710地区ガバナーなど、多数歴任。

聖教新聞を購読するようになって二年がたちました。知識を育《はぐく》む文化欄や各界識者の声が掲載されたページもあれば、「勝利」とか「大前進」のような、勢いある活字の紙面もあります。その〝静と動〟の絶妙なバランス。どこまでも〝人間の実像〟に光を注ぐ新聞ですね。

なかでも、「名字の言」の大ファンです。心に残った記事を切り抜き、機会をみては引用させていただいています。

私は十年前、文化振興財団を通じ、「世界の教科書展」などの行事に招待され、以後、学会の皆さんとの交流が始まりました。

民音公演も、幾度か鑑賞しましたが、素晴らしいですね。集まっている方々は、堅苦しい服装でもなく、また気兼ねすることもなく公演を楽しんでいらっしゃる。

後から知りましたが、池田ＳＧＩ会長は〝庶民に開かれた文化・芸術〟のために、民音を創立されたと伺《うかが》いました。常に民衆の視点に立たれた卓見に、敬意を表します。

一九三四年生まれの私にとって「古き良き時代」の昭和初期、誰もが人と人とのつながりを大切にして生きてきました。ところが現代は、守るべき人道意識が薄れ、人間として必要な〝規範〟が荒廃してきたように思います。「心の貧しい世の中」になったのではと憂《うれ》えています。

しかし、学会員は、心の絆《きずな》を大事にし、行動していらっしゃる。互いに励まし合い、結び合っている強い信頼が、新聞を読んで伝わってきます。

私は、〝人を敬う心〟に満ちた「民衆の連帯」こそ、日本の希望であると思っています。これからの時代、ますます大切なことであり、大きく広げていくべきだと考えています。

（二〇〇九年十一月六日付掲載）

良き出会いは心を美しく豊かに

被爆体験の語り部

沼田鈴子さん

ぬまた・すずこ

大阪府出身。被爆者。被爆体験証言活動と平和運動に心血を注ぎ、「被爆アオギリのねがいを広める会」の代表、「広島市原爆被害者の会」副会長などを務めた。2011年、逝去。

一九四五年の八月六日――二十二歳の私は、結婚を目前に控えていた時でした。爆心地から一キロの地点で被爆。夢も希望も一瞬で吹き飛ばされました。左足を失い、悲しみは憎しみに変わり、原爆が、私から人間の心を奪い去ったのです。立ち上がるには、長い年月が掛かりました。

「平和の大切さを語り継ぐため、証言活動で役に立ちたい」と思えるようになったのは、良き人たちとの出会いがあったからです。

良き出会いは、心を美しく豊かにしてくれる宝物でした。そのなかには、多くの学会員の方がおられました。さまざまな行事で、お声を掛けてくださり仲良くなったのです。二十年以上のお付き合いになります。

反戦出版や核兵器廃絶の署名運動などに取

り組む姿勢は、いつも真剣で頭が下がります。

先日、広島池田平和記念会館で行われた〝核兵器廃絶への挑戦〟展でも、多くの若い方が活躍され、平和に対する情熱を感じました。

また、日ごろから池田SGI会長の素晴らしいお人柄に心から敬服しております。未来を担《にな》う若い方を励まされるお姿、一人一人を大切にされるお心に触れ、勇気をいただいております。SGI会長のおっしゃる一言一言は、胸にスーッと入ってきます。そして、香峯子《かねこ》夫人の明るい笑顔に希望をいただいております。

私は学会員ではありませんが、「平和の心」「ヒロシマの心」を訴えながら行動される創価の皆さんと、心は同じです。

原爆投下から本年で六十五年。この命がある限り、私は未来を生きる若い人たちのために、核兵器の脅威《きょうい》を語り継いでいく決意です。

核兵器のない世界を実現するため、学会の皆さんと、平和の連帯を広げてまいりたい。私のような経験を二度としてほしくないから——。

（二〇一〇年四月三十日付掲載）

希望を与える対話に光明を

NPO法人モースト　理事長
津谷静子さん

つや・しずこ
新潟県出身。昭和大学薬学部卒。1994年に「モーストの会」をスタート。2004年にNPO法人「モースト」を設立した。ロシア、ベラルーシ、イランなど、海外での医療支援や交流活動を展開している。

医療支援チームとして、ＮＰＯ（特定非営利活動）法人「モースト（ロシア語で架け橋の意）」を立ち上げて約十六年。各国の難民キャンプでの支援をはじめ、ヒロシマの心を世界に伝える広島世界平和ミッションにも参画《さんかく》してきました。

支援を進めるなかで、私は一つの壁にぶつかりました。それは、薬や物資での支援も大事ですが、家族を殺されたり、帰る国を失ってさまようなど、底深い〝心の傷〟を負って苦しむ人々を勇気づける何かが必要だ、との悩みでした。

思うようにいかず、挫折《ざせつ》しかけていた二〇〇五年、広島池田平和記念会館で開催された「『21世紀への対話』――トインビー・池田大作展」に光明《こうみょう》を見出《みいだ》しました。

そこで、多くの世界の識者が、池田ＳＧＩ会長との対話を通して「希望を得た」という言葉が心に残りました。〝希望〟に向かって生きることが、人間にとって最高に価値あることだ、と思い当たったのです。それからは、苦しむ人たちに生きる希望を与える対話に力を入れました。

創価学会の広島女性平和委員会の方々とは、民音公演やキエフ市立小児伝染病院のブヤーロ・ヴィクトル医師による「ウクライナのヒバクシャは今」と題した広島学講座などにお誘いいただき、交流を深めてきました。

世の中が物質的文化から精神的文化にシフトするなかで、人が生きていく上で、〝希望〟こそが不可欠であると感じます。

例えば、医療が進歩し、多くの支援物資が届いて病気が治ったとしても、その人の心から希望が失われていれば、結局は不幸です。逆に、真心の支援に愛を感じて「うれしい！ 良かった」と希望を持って死を迎えたなら、それは価値ある人生だったと思います。

精神的文化で大切なことは、SGI会長のように人のために〝慈悲〟と〝希望〟を与える行動だ、と考えます。

今後も創価学会の平和、文化、教育の運動に期待し、手と手を取り合い、恒久《こうきゅう》平和を築いていきたいです。

（二〇一〇年八月二十日付掲載）

平和と文化の創出に期待

㈱ナック映像センター
代表取締役・プロデューサー
田邊雅章さん

広島で被爆した私は映像作家として、国連本部で開催された核拡散防止条約（NPT）再検討会議の関連行事をはじめ、国内外で爆心地復元記録映画を上映し、講演を行ってきました。

当初、私の創価学会に対する認識は、〝政治的にも国際的にも影響力がある池田大作氏を象徴とする新興の宗教団体〟でした。

しかし昨年五月、「第三文明」の取材をきっかけに、青年部や婦人部との交流が始まり、講師を務めた「青年平和講演会」で接した学会員の態度は、極めて〝真摯《しんし》〟で友好的。皆さん、純真な心で真剣に平和について取り組む姿に、私自身がすがすがしい気持ちになり〝これが創価学会の本質なのか〟と、認識を新たにしたのです。

さらに私は、「ポーランドの至宝」展や、池田SGI会長の「中国新聞」への特別寄稿を通じ

たなべ・まさあき
1937年、広島県生まれ。日本の映像作家。広島県産業奨励館（原爆ドーム）東隣の生家で育ち、被爆。日本大学芸術学部を卒業後、中国新聞社に入社。爆心地復元プロジェクトに取り組み、世界各地を訪問し、被爆証言を行っている。

て、〝創価学会は、本気で世界平和の実現を考え、行動しているのでは〟と心に響《ひび》きました。

人類平和への追求や確立のために〝文化〟というものを非常に大切にしている。文化は、人間の生活を潤《うるお》いあるものにする、とても重要な要素です。わが国や世界の歴史を振り返っても、文化が栄える時は平和な時代であり、逆に平和でないと文化は栄えないため、人間にとって心豊かな暮らしをすることはできません。私は、池田SGI会長が世界レベルで文化の潮流を起こされていることに、大きな共感を抱いています。

第三十六回「SGIの日」記念提言「轟《とどろ》け！創造的生命の凱歌《がいか》」を、私の重要なファイルに収めています。二〇一五年までに核兵器廃絶の道を開く交渉を、という提言は大変に重要で、私の思いと全く同じだからです。また提言で、混迷する世の中の問題に論及され、解決への糸口を示し、日々の敬虔《けいけん》な祈りのなかから、人間や社会のために行動されていることを高く評価します。

情熱的で卓越したリーダーと、創価学会の大きなエネルギーがあれば、人類平和という理想を具現できます。共通の目的をかざして、手を携《たずさ》えて前進していきましょう。

（二〇一一年三月十一日付掲載）

学会は笑顔と励ましを与える大きな存在

NPO法人
乳幼児の救急法を学ぶ会　理事
中村徳子さん

もしも目前で子どもの呼吸が停止したら、あなたはどうしますか――。

　これまで私たちは突然の誤飲や窒息《ちっそく》、乳幼児突然死症候群（ＳＩＤＳ）などの予防知識と合わせて緊急時の対応を多くの人に知っていただきたいと、講習会や応急手当てのＤＶＤ普及活動を通し、〝乳幼児の救急法〟を広める活動を続けてきました。

　緊急時、まず１１９番通報すれば、傷病者への対応方法が聞ける〝口頭指導〟を受けられます。

　尊い命を守るために〝正しい知識を学ぶ〟ことは不可欠です。しかし、それと同等に大切なことが、いざという時に〝行動する勇気〟を持つことです。私の知る限り、その勇気を学会員の皆さんは持っておられます。

なかむら・のりこ
島根県出身。1995年に認可外保育施設を開設。現在、保育睡眠中の突然死予防・応急手当普及活動に取り組む「託児ママ　マミーサービス」の代表も務める。

長年、聖教新聞を愛読して感じることは、皆さんがどんな困難・苦境に直面している時でも、人の幸せを願い、尽くされようとされていることへの驚《おどろ》きです。

東日本大震災でも、ご自身が被災されているのにもかかわらず「それでも困っている人を助けよう」と奉仕される姿が伝えられ、胸が熱くなります。

自分が苦労された分、他人の気持ちが分かる。だからこそ、利害や見返りも考えずに人のために行動する勇気が湧いてくるのでしょうか。普通はなかなかできないことです。

さらに学会員の皆さんに救急法など、お話ししている時にいつもうれしく感じていたことは、皆さんの真剣なまなざしです。


地域住民をご家族のように愛されているからこそ、〝学んだことを一人でも多くの方へ伝えたい〟という強い思いも伝わってくるのだと思いました。

学会員の皆さんの行動や思想に、私も大変に感銘《かんめい》しています。と同時に人々に笑顔と励ましを与える大きな存在であると確信しています。

（二〇一一年五月二十七日付掲載）

「ガッカイ(学会)」は世界共通語

広島県合唱連盟　理事長
内田陽一郎さん

うちだ・よういちろう
1947年、鹿児島県生まれ。東京藝術大学声楽科卒業後、東京音楽大学の専任講師として勤務。東京音楽大学、広島大学、島根大学に務め、現在はエリザベト音楽大学名誉教授。オペラや合唱団の育成や指導に幅広く関わる。

近隣の学会員に誘われ、昨年の「世界の書籍展」をはじめ、さまざまな催《もよお》しに参加してきました。特に印象に残っているのは、一九八五年に開催された第六回「世界青年平和文化祭」。いろんな国の人が一緒になっての躍動感みなぎる演技に大拍手を送りました！　今でも、あの感動と興奮は忘れられません。

私はエリザベト音楽大学などで音楽教育に携《たずさ》わっており、かつて宗教の典礼音楽を研究したことがあります。世界に広まった宗教の共通点として、どの宗教も、それぞれの地域の習慣・特色を取り込む適応力と普遍性を持っていることが挙げられます。創価学会が世界百九十二カ国・地域に広まった要因も、同じことが言えるのではないでしょうか。

二年前、広島の合唱団の指揮者としてイタリアに行く機会がありました。合唱団のなかに学会員の友人がおり、フィレンツェの会館を一緒に見学することに。しかし、場所が分からなくて周りのイタリア人に聞いたら「ガッカイ（学会）」という言葉が。「ガッカイ」は世界共通語なんだと、びっくりしました。

また、昨年の東日本大震災でも、学会の会館に会員ではない被災者が多数、避難したと伺《うかが》いました。まさに会館が、〝地域の灯台〟として根付いていると感心しています。

学会員の方から聖教新聞の切り抜きをよくいただきます。そのなかで非常に共感を覚えるのが、池田先生が宗教やイデオロギーの異なる人たちと何度も対話をしていることです。

私はカトリック信者ですが、どの宗教も根本にあるのは人間愛だと思っています。だからこそ、異なる宗教を信仰していても、歩み寄って理解しようとする努力・行動があれば、必ず分かり合え、平和を築くことができると信じています。

その先駆を切っているのが、創価学会だと確信しています。

（二〇一二年一月十三日付掲載）

日中友好の礎を築いた池田先生

福山市日本中国友好協会　会長　**佐藤明久**さん

さとう・あきひさ
1949年、広島県生まれ。葦陽文化研究会会長、「広島県立歴史博物館友の会」幹事、福山元町通商店街振興組合理事長。78年から家業の児島書店を経営する。

先月、愛媛県松山市で開催された「地上の天《てん》宮《きゅう》 北京《ペキン》・故宮《こきゅう》博物院展」（東京富士美術館企画）を鑑賞しましたが、日本の国宝にあたる国家一級文物《ぶんぶつ》が、十八点もあることに度肝《どぎも》を抜かれました！

本来、一点でもあれば、たいしたもの。これは創立者の池田先生が長年、日中友好に尽くしてきたことへの信頼の証しでしょう。

私が池田先生を身近に感じたのは、二〇〇二年に上海《シャンハイ》魯迅《ろじん》記念館で行われた国際学会に出席した時のこと。同館の名誉顧問に先生が就任されたと紹介され、びっくりしたことを覚えています。

また、このご縁《えん》で香港ＳＧＩ前理事長の李剛寿さんとも親しくなりました。

上海で書店を開いていた親戚の内山完造と

魯迅先生とは家族のような付き合いでした。そこで働いていた父・児島亨も、魯迅先生に大変お世話になったと聞きました。そのため父は日本に戻ってから、広島県福山市で古書店を営みながら日中友好協会を発足しました。今日、家業と協会を私が引き継いでいます。

当時、日中友好を願う両親が〝中国帰り〟と、どれほど偏見《へんけん》と罵声《ばせい》を浴びてきたことか。私自身、今でも偏《かたよ》った思想の持ち主だと見られることがあります。

まして一九六八年に池田先生が「日中国交正常化提言」を発表されたことは、相当な覚悟が必要であり、身の安全すら危ぶまれる状況にあったであろうことが、私にはよく分かります。

さらに、創価大学の創立者でもある池田先生は、新中国からの留学生を日本で初めて、正式に受け入れました。

その卓越した先見性と行動に対して、世界が称賛《しょうさん》するのでしょう。

交流は一過性で終わるのではなく、積み重ねることが非常に大事です。六十歳を過ぎた私に比べ、青年の皆さんには時間があります。池田先生の後を継ぎ、中国との深き友情と信頼を重ねていかれることを心から期待します。

（二〇一二年四月二十日付掲載）

幸せな社会づくりを託したい

ラジオパーソナリティー　**宮前道子**さん

みやまえ・みちこ
広島県出身。株式会社「SPEAK」代表。幼稚園教諭・モデルとして働き、現在は、フリーアナウンサーとして活動。ラジオ番組「ヒロシマ・ウィメンズ・ハーモニー」でDJを務める。

きょう八月二十四日、広島エフエム放送の番組「ヒロシマ・ウィメンズ・ハーモニー」(企画・提供=広島県創価学会)が、五百回目の放送を迎えました(放送時間は、毎週金曜日の午前十時十五分~三十分の十五分間)。

ラジオパーソナリティーを務める私も、本当にうれしく思っています。

当初は一クール(三カ月)で終了する予定が、リスナーからの好評をいただき、十年目の佳節を迎えました。

池田SGI会長も提唱されている「二十一世紀は女性の時代」という考えが広がったと確信しています。

パーソナリティーを担当し始める際、難色を示す声もありました。でも「あらゆる分野で活躍する女性にスポットを当てる」というコンセプトに共感し、学会の担当者の熱意にも押されて、放送したいと思ったんです。

中国平和記念墓地公園に行ったことはありましたが、学会の知人は多くありませんでした。ですが、番組を通して学会員のご活躍を数多く知ることができました。

一人で道を切り開いてきた女性には、旺盛《おうせい》なチャレンジ精神がありますね。何より、「生の声」から伝わる人間性があります。

私はその後、広島池田平和記念会館を訪れ、〝周恩来展〟や「平和の文化と女性展」を鑑賞する機会をいただきました。

学会は「平和」「教育」「女性の社会進出」などで、宗教的な立場を超えて貢献をされています。それも一人ではなくチームとして行動し、その道に続く後継者を育てている。ここに学会の魅力があります。

「より良い社会にしたいけれど、何をしたら良いかが分からない」と思う人は多い。でも、だからこそ「幸せな社会づくりは創価学会に託したい」という言葉にしない「声」があります。心のどこかで学会に期待している。私もその一人です。

これから私も、一つ一つの出会いに感謝しながら、女性の力をリスナーに届けます。

きょうの放送は午前十時から三十分間の拡大版で、映画美術監督の部谷《へや》京子さんを紹介します。ぜひ、聴いてくださいね！

（二〇二二年八月二十四日付掲載）

“平和の共鳴”を広げたい

日本原水爆被害者団体協議会
代表委員
坪井　直さん

つぼい・すなお
1925年、広島県生まれ。20歳で被爆。86年に中学校教諭を退職後、93年から広島県被団協の事務局次長に。2004年、理事長に就いた。平和に関する講演や活動を続ける。

二年前の夏、第百四十五回「広島学講座」の講師として、創価学会の青年たちの前で被爆体験を語りました。

皆さんは、私の話を一言も聞き漏《も》らすまいと、じっと見つめてくれました。その真剣な態度に、こちらも熱くなって「青年よ、立ち上がろう！」と、思わず叫びたくなりました。

私は日本全国、さらには海外十二カ国で、何百回と講演活動を行ってきました。だから、聞いている人の反応も、よく分かるんです。学会青年部の皆さんは、私の話を各地で伝えてくれそうだと、強く実感しました。残念だったのは質疑の時間が短かったこと。今思えば、延長を申し出れば良かった。

六十八年前のあの日、市内にいた私は、爆風で十メートルぐらい吹き飛ばされ、気付いたら両腕、両足は焦《こ》げて真っ黒。半死半生の私を警防団の人や同級生が助けてくれました。

終戦後、教師になるも、結婚差別に悩んで自殺を試みたり、病気で十回の入退院を繰り返し、そのうち三回は命にも及ぶ危機と、何度も苦難が……。それでも今、元気なのは多くの支えがあったからこそ。その恩返しの思いで、命がいかに大事であるかを私は一番に訴えています。

かつて池田SGI会長は中国新聞の寄稿のなかで、「平和への力は、心の共鳴から生まれる。広島を訪れ、被爆の悲惨を知り、核兵器の廃絶を願う人々の心にふれることが、どれほど大きな力となるか」と。私たちの心を本当に深く知ってくださっています！　本年のSGI提言では、二〇一五年にG8サミットを行う際、「『核兵器のない世界』のための拡大首脳会合」の広島開催を提案されました。大賛成です。さらに言うなら、世界百五十六カ国・地域五千五百三十六都市が加盟している平和市長会議[*]もぜひ、広島で開催してほしい。

核兵器の廃絶は私の悲願です。皆さんが、後に続くことを心から信じています。私は諦めません。ネバーギブアップ！


（二〇一三年三月一日付掲載）

＊聖教新聞掲載当時。二〇一六年九月一日現在で、百六十一カ国・地域七千百三十二都市。

地域と地球を結ぶ運動を

ひろしま通訳ガイド協会　会長

藤井正一さん

ふじい・しょういち

1938年、千葉県生まれ。92年、円滑な国際交流及び国際親善に寄与し、地域の国際化への貢献を目的とする「ひろしま通訳ガイド協会」を創設。JICA(日本国際協力機構)日本紹介講師、広島ユネスコ協会副会長。

私は一九六一年から広島市内の高校で英語教員を十八年間務め、一九八〇年から二十年間、広島市の職員として国際交流課に勤務。平和推進や国際交流に関わってきました。

現在、語学を生かして、ひろしま通訳ガイド協会の会長やＪＩＣＡ(日本国際協力機構)が招聘《しょうへい》する海外研修員たちに「広島の復興の歴史」などを講義。また広島ユネスコ協会の常任理事を務め、同じ理事の学会員の方と深く親交を結んでいます。

私が創価学会と出合ったのは、国際交流課に勤務していた時。アジア競技大会、広島国際アニメーションフェスティバルなど、広島市で開催される主要な行事を案内し、参加してくれた学会員、青年部の方々との出会いがきっかけです。故・野間浩副会長をはじめ、多くの方々に協力をいただきました。皆さんに共通する謙虚《けんきょ》な姿勢が、今でも印象強く記憶に残っています。

ここ数年では、「自然との対話――池田大作写真展」など多くの展示に参加しました。特に心に残ったのは「世界の書籍展」で、「豆本」を鑑賞できたことです。こうした貴重な物品を集めて展示できるのも、池田SGI会長が、多くの世界の学術者や識者と友情を結んでこられたたまものと感心しています。

本年、SGI会長が執筆された中国新聞の特別寄稿にも、深い感銘《かんめい》を受けました。広島が国際社会で平和や国際交流に協力する役割について、的確に触れられていました。また、「広島には、地域（ローカル）と地球（グローバル）を結ぶ、世界に開かれた、豊かな地域力が具《そな》わっているのだ」と――本当にその通りだと思います。

青年部の方々には、SGI会長の精神を受け継ぎ、創価学会をさらに発展させていただきたいと、心から期待をしています。

（二〇一三年五月十日付掲載）

被爆者の〝魂〟を感じてほしい

(財)広島平和文化センター
被爆体験証言者

岡田恵美子さん

十歳の時、爆心地から二・八キロの自宅で被爆しました。今は被爆体験証言者として、核兵器廃絶と平和の重要性を訴えています。

昨年八月六日、「被爆体験を聞く会」の講師として広島池田平和記念会館を訪れました。皆さん、涙を流しながら真剣に聞いてくれました。特に、子どもたちの純粋でまっすぐな瞳《ひとみ》が印象に残っています。感動のあまり、一人一人と握手をしながら退室しました。

また、ボランティアをしている広島平和記念資料館でも良い出会いがありました。

熱心に話を聞いてくれる学生さんたちがいました。「どちらからおいでですか?」と聞くと、「アメリカ創価大学です」と。海外から自発的に広島を訪れたことを知り、胸が熱くなりました。広島池田平和記念会館があることをご存じ

おかだ・えみこ

広島県生まれ。(財)広島平和文化センター　被爆体験証言者。国連本部をはじめ、国内外で証言活動を続ける。

なかったので、場所を教えてあげました。

その他にも二〇〇九年には米・ニューヨーク文化会館を訪れ、ＳＧＩの方々とも交流してきました。

皆さんに共通することは、国や世代、性別を超えて平和実現に向けた団結力と行動力があることです。

これほど一生懸命《けんめい》に活動をされているのに、その事実を知らない人が多い。もっと皆さんは、伝えていくべきだと思います。

今も被爆者たちは苦しみを背負って生きています。そして世界の国々では絶えず戦争が続いています。

しかし、私は未来思考の人間です。子どもたちが犠牲にならない平和な世界が実現することを信じて、世界中を回りながら原爆の悲惨さを訴えています。

創価学会の若い方々にお願いしたいのです。知識を得るだけでなく、被爆者の〝魂《たましい》〟を感じてほしい。そして、どうすれば核兵器を廃絶できるかを考えてほしい。

皆さんなら、世界の先頭に立ち、平和実現に向けて行動を起こすことができるはずです。

（二〇一三年八月二日付掲載）

若い力が社会を変える

在宅ワーク支援センター　所長
坂東素子さん

ばんどう・もとこ
広島県生まれ。（公財）広島県男女共同参画財団・在宅ワーク支援センター所長。育児や介護のために外で働けない人などに、在宅での仕事を紹介している。

私は広島県男女共同参画《さんかく》財団の職員です。以前、「ひろしま女性大学」の運営に携《たずさ》わっていました。これは、男女共同参画社会を実現できる人材を養成する講座のことです。そこに、創価学会の女性の方が、何人か入校してきました。私は、「公共の場での布教活動は禁止ですよ！」と、きっぱり申しあげました。

しかし、その女性は言われたことに反発をせず、誠実にお付き合いをしてくれました。その後、合間をみては学会の会合や展示、民音などに招待してくれました。

いざ、会合などに参加してみると、学会のイメージは一変しました。

特に印象深かったのは、二〇一〇年に広島池田平和記念会館で行われた「広島青年平和総会」です。来賓《らいひん》としてあいさつをしましたが、若い方たちの真剣に話を聞く姿勢が印象的でした。

また、翌年に同会館で開催された「世界の書籍展」。なかでも私の目を引いたのは、ビクトル・ユゴー全集ナショナル版の『レ・ミゼラブル』五巻本です。以前、県立図書館で司書をしていたため、どれほど貴重な書籍なのか、私にはよく分かりました。

こうした展示を日本各地で開催できるのも、池田SGI会長が世界の方々と友好を結ばれてきた証しであり、造詣《ぞうけい》の深さに敬服しました。

本年、SGI会長は「SGIの日」記念提言で、被爆七十年の二〇一五年に『核兵器のない世界』のための拡大首脳会合」の広島開催を提案されたと伺《うかが》いました。

「広島青年平和総会」のあいさつの最後に、「You《ユー》 Can《キャン》 Challenge《チャレンジ》！」と申しあげました。学会の若い人の力を結集すれば、必ず実現できると期待しています。

（二〇一三年九月二十七日付掲載）

〝行動力と一体感〟に期待

㈱福屋　代表取締役会長

大下龍介さん

政治の影響を受けないために、教育権を独立させた「四権分立」(司法・行政・立法と教育権の分立)を、池田先生が提唱されたと、確か野間浩副会長(故人)から伺《うかが》った覚えがあります。私は〝教育〟を重視する考え方に、深く共感をしました。

経営者として、一貫して社員教育の向上に取り組んできました。百貨店では、上司と売り場に立つ社員が双方向で、同じ目線に立つことが重要です。最前線の社員からは上司の行動は、よく見えるものです。しかし上司は、なかなか社員と目線を合わせるのは難しい。だから私は可能な限り売り場に立って、社員と同じ目線で顧客の動向がつかめるように、一体感のある会社を目指してきました。

その一体感がビンビン伝わってくるイベン

おおしも・りゅうすけ
広島市安佐南区生まれ。広島初の百貨店「(株)福屋」の社長を経て、2008年に代表取締役会長に就任した。

トがありました。

一九八二年に広島総合グランドで開催された「広島青年平和文化祭」に、来賓《らいひん》として参加した時でした。数百、数千の大勢の出演者が一体となって演技している姿は、まさに圧巻。隣の方が双眼鏡を持っていたので、借りて演技を見てみると、大感動。大勢だから、すごいのではないのです。一人一人が全て真剣なまなざし。やらされている風の人が一人もいない。全員が主体者なのです。

初めて池田先生とお会いした、一九八五年の第六回「世界青年平和文化祭」でも同じ感動を覚えました。

どうしたら、こんな一体感が生まれるのでしょうか？

野間副会長が「師弟が大事なんです」と言われていたことを思い出します。師と仰ぐ池田先生を模範に、弟子の皆さんが、人を励まし、一人を大切にする〝人間教育〟を実践しているからではないでしょうか。これが信仰の力なのでしょう。

学会の〝行動力と一体感〟は素晴らしく、比類がありません。今後も、社会に大きな役割を果たされることを期待しております。

（二〇一四年二月二十一日付掲載）

心の中に〝平和のとりで〟を

広島ユネスコ協会　会長　北川建次さん

きたがわ・けんじ
1935年、広島市生まれ。広島大学大学院卒。文学博士。同大学名誉教授。元・日本ユネスコ国内委員。被爆者として、証言活動もしている。

ユネスコ（国連教育科学文化機関）憲章の前文には「人の心の中に平和のとりでを築かなければならない」とあります。この一文がユネスコの根本精神であり、創価学会の平和思想と全く同じであると実感しています。

戦時中、牧口初代会長は、軍国主義に反して獄死されました。偉大な人物が迫害されるのは、多くの歴史が物語っています。私は地理学者ですが、初代会長が著《あらわ》した『人生地理学』の先見性には大変驚《おどろ》かされました。「軍事的競争」から「人道的競争」へ進むべきとの思想も、〝平和〟が根本にあります。

今、社会では〝次の人材〟をどう育成するか、が大きな課題です。ユネスコも例外ではありません。

そのなかで、創価学会では次代を担《にな》う多くの青年が活躍しています。

かつて私が大学で教えていた学生に、学会の青年がいました。大変な努力家で、学費を工面《くめん》するためにアルバイトをする好青年でした。彼や友人の学会員を見ていると、誠実で真面目《まじめ》な方が多いと感じます。

最近、海外の方と仕事をする機会がたくさんあります。文化や言語の違いから、互いの意見を一致させることは本当に難しいのです。しかし、池田ＳＧＩ会長は対話を通して交流を深め、多くの世界の識者と友情を築かれています。

青年部の皆さんは、ＳＧＩ会長のように、もっと海外に目を向けていただきたい。そして、その地域の特色や、そこに住む人々の価値観を自分の目で見て、学んでいただきたいのです。

皆さんが、ＳＧＩ会長のように、〝平和のとりで〟を築く〝真の国際人〟になっていかれるよう期待してやみません。

（二〇一四年五月三十日付掲載）

青年部のリーダーシップに期待

ヒロシマの心を伝える会　代表

松原美代子さん

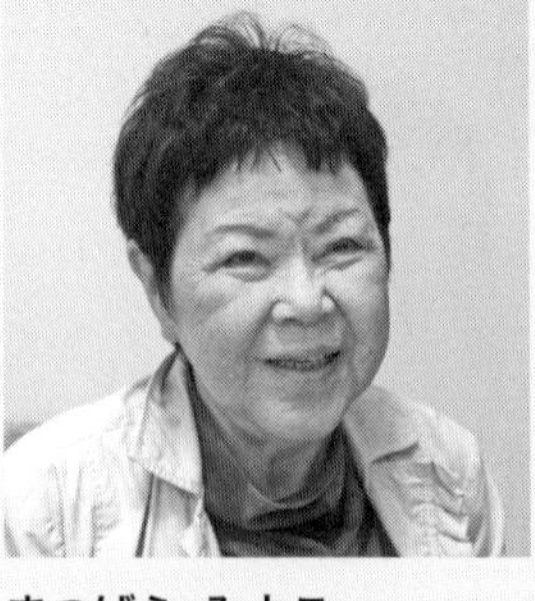

まつばら・みよこ

「ヒロシマの心を伝える会」代表。戦後、被爆後遺症と闘いながら、国内外で体験を語り、核廃絶運動に尽くす。

私は、創価学会女性平和委員会の皆さんの誠実な振る舞い、人間としての優しさ、温かさが大好きです。目立たなくても、平和のために地道に活動をしてこられたことを、私は知っています。

十二歳の時、爆心地から約一・五キロの鶴見町で被爆。私は生き残りましたが、多くの学友を亡くしました。

今から十七年前。女性平和文化会議主催の講演会に講師として招かれました。世界平和の実現という志《こころざし》を皆さんと同じくする私は、それ以来、学会の平和行事に参加するように。アメリカでの「ヒロシマ・ナガサキ原爆展」に、ご一緒したこともありました。

アメリカを訪問した折《おり》、ＳＧＩメンバーとの出会いがありました。彼らは平和への意識が高く、展示などで核廃絶を訴えながら、友人への対話にも果敢に挑戦していました。個人宅でも少人数の会合を頻繁《ひんぱん》に行い、励まし合う姿に触れ、日本だけでなく、世界のどこに行っても、熱心に活動するメンバーがいることに大感動。創価学会の勢いに感銘《かんめい》を受けました。

また、平和な世界を実現するため、命を懸《か》けて戦ってこられた池田SGI会長の〝信念〟を、青年部の皆さんが受け継ぎ、立ち上がっておられることに感心します。「クラスター爆弾禁止条約」や「対人地雷禁止条約」を、平和を願う青年たちの行動で実現させた歴史があるように、SGI会長が望まれる「核兵器禁止条約」の締結《ていけつ》も、SGIの青年部のリーダーシップで実現できる、と確信します。

いつも、青年部の皆さんの姿に励まされ、頑張らないといけないなと感じています。私もまだまだ伝えたいことが、たくさんあります。これからも、皆さんと一緒に平和の実現のために頑張ります。

（二〇一四年十月三十一日付掲載）

共に「教育のための社会」実現を

学校法人広島文化学園　理事長　**森元弘志**さん

もりもと・こうし
1942年、広島市生まれ。広島市の教育長、助役を経て、広陵高校校長、広島文化短期大学学長などを歴任する。

創価学会と出合ったのは、約二十年前になるでしょうか。広島市教育委員会の教育長をしていた時でした。市が主催する平和行事に対し、野間副会長(故人)をはじめ、多くの学会員の方々に快《こころよ》く協力いただきました。

第三代会長就任四十周年を記念して、二〇〇〇年に広島市は平和・文化・教育への貢献をたたえ、池田SGI会長に感謝状を贈呈させていただきました。当時は助役として、携《たずさ》わらせていただきましたが、今でも忘れられない大切な思い出です。

私は、学会の展示やイベントには極力、参加するようにしています。友人のなかには「あんた、学会員か?」と、聞いてくる人もいます。そういう人は学会のことをよく知らないのだ、と思うんです。

創価学会には第二次世界大戦中、牧口初代会長と戸田第二代会長が軍部権力に抗して投獄され、初代会長が殉教《じゅんきょう》された歴史があります。どんな迫害に遭《あ》っても、権力にすり寄ったり、迎合《げいごう》したりしなかった。学会が世界から称《しょう》賛《さん》を受けるのも、この確かな原点があるからだと感じています。また学会が「創価教育学会」からスタートし、教育に重点を置いていることにも共感を覚えます。こういう理由から、私は学会の展示などに参加するんです。

「広島文化学園」の教職員にも、創価教育同窓の方々などがいます。皆さん、真面目《まじめ》で熱心に仕事をしてくれています。私が聖教新聞に声を寄せたりすると、「森元先生、記事を見ましたよ」と声を掛けてくれます。

以前、池田会長の「『社会のための教育』から『教育のための社会』へ」との「教育提言」に大変、感激しました。かつて国家の繁栄《はんえい》のために教育が手段視される社会、時代がありました。教育の危機が叫ばれている今こそ、「子どもの幸福」そのものが目的とされる社会への転換を目指す〝創価教育〟に、一人の教育者として深く賛同します。

（二〇一四年十一月十四日付掲載）

意見が言える若者文化を

核戦争防止国際医師会議（IPPNW）
日本支部　事務総長
片岡勝子さん

かたおか・かつこ
広島県生まれ。広島大学名誉教授。1981年に、女性で初めて同大学医学部教授に。IPPNW 前副会長。

これまで、いろいろな催《もよお》しに参加させていただきましたが、なかでも「平和」に関する展示は、どれも素晴らしく、興味深く拝見しました。私は、皆さんの行動力に、いつも感心しており、期待している一人です。

その力は、どこからくるのでしょうか。やはり、戸田第二代会長の〝核は絶対悪〟との平和の精神を受け継ぐ池田ＳＧＩ会長の姿に、会員の皆さんが学び、行動しておられるからでしょう。

思い返せば、広島大学の留学生センター長をしていた二〇〇二年六月。学生部の皆さんが開催した「日本と韓国の学生友好展」に出席したことを懐かしく思い出します。また〇九年には、毎年実施されている「中国学生平和意識調査」の講評もさせていただきました。いつも、若い世代の活躍に感銘《かんめい》を受けています。

昨今《さっこん》、自分の思いを人前でさらけ出せない学生が多くなったと感じます。それは、真面目《まじめ》な話になればなるほどです。学生に聞いてみると、真剣な話をすると場がしらけてしまうというのです。真面目なことが言えない雰囲気《ふんいき》なのです。

だからこそ、平和に真正面から取り組む青年部の皆さんの行動が大事です。その地道な行動で、皆が刺激を受け、お互いに意見が言える若者文化になればと期待しています。

「行動なき希望は絶望と同じ」――一九九八年、核戦争防止国際医師会議（ＩＰＰＮＷ）を創設したラウン博士とＳＧＩ会長との会談でも確認されたように、核兵器の廃絶に向けて、〝行動〟を起こしてまいりましょう。

何よりも大切な人間の命を犠牲にしない世界にするために、私も医師として訴え続けていきたいと思います。

（二〇一四年十二月二十六日付掲載）

〝相知の心〟で日中友好を

中川美術館　館長
中川健造さん

なかがわ・けんぞう
1936年、広島県生まれ。学習院大学卒。文化大革命当時から、中国現代絵画、陶磁器等を収集。85年に中国文化局の協力で、中川コレクションによる「中華人民共和国現代絵画名作集」を刊行。89年に中川美術館を創設。国際美術評論家連盟（日本支部）会員。

私は日中の文化交流に生き抜いてきた人間として、池田SGI会長の日中友好に対する貢献を、日本国民に知ってもらうために、真実を語る義務と責任があると自負《じふ》しています。

創価学会との出合いは、二十数年前。北京《ペキン》の協和病院に入院していた愛新覚羅溥傑《あいしんかくらふけつ》氏（ラスト・エンペラー愛新覚羅溥儀《ふぎ》氏の弟）を見舞った折《おり》のこと。ちょうど溥傑氏を見舞いに来られていた、敦煌《とんこう》研究院名誉院長の常書鴻《じょうしょこう》画伯夫妻が、私が日本人だと分かると、「創価学会の池田先生をご存じですか？」と。また、「私たちの写真を撮って、届けてほしい」と懇願《こんがん》されたのです。

理由を伺《うかが》うと「池田先生に、私たち夫婦が元気でいることを、どうしてもお伝えしたいのです」と。快諾《かいだく》すると、常氏は大変に喜ばれ、所持していたＳＧＩ会長との対談集『敦煌の光彩』を取り出され、〝読んでもらいたい〟と、表紙に揮毫《きごう》をしたためてくださいました。

帰国後、何とか写真をＳＧＩ会長に届け、さまざまな学会員の方と交流を重ねるようになったのです。後年、ＳＧＩ会長から「人生楽在相知心（人生の喜びは、自分を知ってくれる人がいることだ）」という王安石（北宋の政治家）の言葉をしたためた直筆の揮毫を頂き、私の珠玉の指針となっています。

順風の時に付き合うのはたやすいもの。逆風の時に、認め合い、交流してこそ、本当の信頼関係が育《はぐく》まれるのです。ＳＧＩ会長は日中友好のために、非難や妨害、圧迫を全て乗り越え、信義を尽くし抜いてこられた。だから、周恩来元総理をはじめ歴代の指導者は、ＳＧＩ会長を信頼したのです。

中国は、日本にとって文化大恩の国。日本の青年は、〝相知《そうち》（互いに知る）の心〟をもって、礼儀を尽くして交流していってください。中国の人民は必ず、その心に応《こた》えてくれるでしょう。

（二〇一五年四月二十四日付掲載）

人類と核兵器は共存できない

広島平和記念資料館　元館長
畑口　實さん

はたぐち・みのる
1946年、広島県生まれ。97年に、初の戦後生まれの広島平和記念資料館館長に就任した。

二〇〇六年、広島平和記念資料館の館長退任の記者会見を終え、役目はこれで終わったと思いました。すると会見後、あるメディアの方が「あなたには、まだ、被爆のことを伝える使命があるんじゃないですか？」と言ってきたのです。

私は胎内被爆者で、父を原爆で亡くしています。これまでの行動と矛盾《むじゅん》するかもしれませんが、実は被爆体験を語ることには、今でも抵抗があります。被爆者であることを、館長就任まで隠しており、被爆者健康手帳を使い始めたのも取得後かなりたってからです。しかしメディアのこの一言がきっかけで、退職後もしばらくして、平和を伝える機会には、できるだけ参加してきました。

館長に就任し、創価学会の方々とも交流するようになりました。なかでも、ノーベル平和賞受賞者である南アフリカのデクラーク元大統領をはじめ、池田ＳＧＩ会長と友誼《ゆうぎ》を結ぶ世界の識者を案内できたことは、大変に光栄なことでした。

そして何より、ＳＧＩ会長の対話・行動力には、敬意を表します。〝平和〟を口にするのは簡単です。でも、それを目指し、具体的な形にして行動を起こすことが、いかに困難なことか。ＳＧＩ会長と多くの世界の識者に結ばれた友情こそ、平和行動の何よりの証しだと痛感します。

さらに、その精神が青年部の皆さんに、しっかりと継承されています。それを実感したのは、広島学講座で私が講演した時でした。驚《おどろ》いたのは、青年たちの真剣なまなざし。〝一言も聞き漏《も》らすまい〟との平和への熱い思いが伝わってきました。その熱意に応《こた》えようと、必死に講演したことを今も鮮明に覚えています。

「人類と核兵器は共存できない」と、ＳＧＩ会長は「ＳＧＩの日」記念提言などで、繰り返し叫ばれておられます。私も講演等でたびたび、その言葉を使っています。〝なぜ共存できないか〟ということを、われわれは真剣に学び、深めるべきです。

核兵器廃絶に向け、学会の皆さんをはじめ、被爆者の方々と共に歩んでいきたいと思います。

（二〇一五年五月二十二日付掲載）

〝無名の連帯〟が平和を築く

平和のためのヒロシマ
通訳者グループ（HIP）代表

小倉桂子さん

おぐら・けいこ

広島市生まれ。広島市民賞、谷本清平和賞など受賞。賢人会議、世界核被害者会議などで、英語による被爆体験の証言を行っている。

二〇一五年七月に行われた「世界青年平和音楽祭」に招待を受け、〝戦争でむなしく亡くなっていった若者たちが、この場に集い合うことができていたら〟と、涙が止まりませんでした。それほど、八千人もの無名の青年たちによる、平和への誓いを込めた熱演に胸を打たれました。

イベントに限らず、日常のなかでも学会員の方々は真面目《まじめ》で一生懸命《けんめい》。私の講演の参加者や、個人的な関わりのなかで〝誠実だな〟と思う方が、後で学会員だと知ることがよくあります。学会には、スポットライトが当たらずとも、自分にできることを地道にやる方が多いと思います。

三十五年前、私も平凡な一主婦でした。そんな生活は一九七九年、広島平和記念資料館館長、広島平和文化センター事務局長などを務めた、夫・小倉馨《かおる》の急死で一変しました。逝去《せいきょ》の翌年、夫と親交のあった、作家のロベルト・ユンク氏から通訳の依頼があったのです。「ヒバクシャでもあり、深い悲しみを知るケイコには、ヒロシマを伝える使命がある」との言葉で引き受けたものの、困難の連続でした。

英語に触れることも大学以来だったので、独学で学び直しました。この活動が、HIP設立のきっかけにもなりました。

設立から昨年で三十年がたちましたが、活動をやめたいと思ったことは一度や二度ではありません。それでも踏みとどまれたのは〝無名の私の行動で、一人でも誰かを平和へ奮《ふる》い立たせられたら〟と思ったからです。

池田SGI会長は、かつて戦争でお兄さまを亡くされたのでしたね。深い悲しみを知るSGI会長だからこそ、〝断じて平和を実現する〟との思いで、世界に広がる〝無名の連帯〟を築けたのだ、と確信します。

偉大な指導者に続く皆さんが、平和への情熱をそのままに、社会へ打って出られることを期待します。

（二〇一五年十月二十三日付掲載）

米国で見た学会員の強さ

中国新聞社　特別顧問
川本一之さん

創価学会の皆さんとは、忘れられない思い出があります。一九八七年八月から三年間、中国新聞社のニューヨーク支局長として赴任した時のことです。

この間、私は中国新聞紙上で「戦争花嫁ｉｎＵＳＡ」という連載をしました。この企画は、中国地方出身者で、米軍兵士と結婚して渡米した女性を紹介するというものでした。この連載ができたのは、実は創価学会の皆さんのおかげと言っても過言《かごん》ではないのです。

渡米前、学会本部の広報の方にお会いした時、親切にも〝何かあったら〟と、現地の会員を紹介していただきました。アメリカに何のつながりもない私にとって心強いものでした。広大なアメリカで取材相手を探し出すことは容易ではなく、早速、相談することに。すると、フ

かわもと・かずゆき
1944年生まれ。中国新聞社元社長。現在は、伴学区町内会連合会副会長などを務める。

ロリダ、テキサス、オレゴン……と、各州の学会の責任者を紹介していただき、全米中から〝戦争花嫁〟を見つけることができました。日本から移住したSGIの世界に広がるネットワーク力に感動したことを覚えています。

半年間かけて全米中を駆け回りました。そのなかで、SGIメンバーとの出会いも多くありました。どのメンバーにも池田SGI会長の指導が生活に根付いていることに驚《おどろ》きました。その指導とは、①市民権を取り、良きアメリカ市民に②自動車の運転免許の取得③英語のマスター、との指針でした。

当時、アメリカ人の対日感情が悪化していた時代。そのなかで、この指針を胸に波瀾万丈《はらんばんじょう》の人生を力強く生き抜く学会員の姿を通して、多くの人が日本人に対する見方を変えていったのだと私は思います。異境の地にあっても、信仰を生活の中心に置いて、どんな苦境も乗り越えてこられたところに創価学会員の強さを感じました。

アメリカでの経験は、新聞人四十六年のなかで大きな比重を占めており、創価学会との出合いに心から感謝しています。

（二〇一五年十一月六日付掲載）

青年の若さあふれるパワーに期待

広島平和記念資料館　元館長
原田　浩さん

はらだ・ひろし
1939年、広島市生まれ。同市文化財団理事長、同現代美術館館長などを歴任。

一九四五年八月六日、六歳だった私は、疎開《そかい》途中に両親と広島駅で被爆しました。あの日から七十年余。長年、広島市の平和行政を担当し、被爆体験を直接伝えられる最後の世代として、〝被爆者に何ができるのか〟、あの日の惨状《さんじょう》を後世に〝どう伝え、残していくべきか〟を、ずっと問い続けてきました。

被爆五十年の一九九五年、市の国際平和担当理事（平和記念資料館館長兼務）として力を入れて推進した仕事の一つが原爆ドームの世界遺産への登録です。

創価学会の方々との出会いも、そのころのことです。九八年に青年部が取り組まれた「アボリション２０００」支援の核兵器廃絶署名。その名簿の寄託《きたく》式に招かれました。全国から千三百万人を超える署名に、学会青年部のパワーを結集させると、こんなに大きな力になるのかと驚《おどろ》いたものです。また学会主催の「核兵器廃絶への挑戦」展が、三十一カ国・地域の二百三十以上の都市で開催されたことも心に残っています。このように今日まで取り組んでこられた平和事業を拝見し、広島市が掲げる「国際平和文化都市」構想と学会の平和理念は、共通するものが多いと実感しています。

被爆者の平均年齢が八十歳を超えた今、広島市は、もっと力を結集し、直接被爆した体験者の記録を残すべきではないかと感じています。これは〝今しかできない〟ことなのです。

一昨年に発刊された被爆証言集『男たちのヒロシマ』(広島平和委員会編)は、これまで語ってこなかった男性の証言がまとめられた貴重な本です。そのなかに私と同じ広島駅で被爆した二人の体験が掲載されています。後日、その方々に会い、被爆直後の生々しい惨状を共有することができました。一人一人の体験をつなげば、線となり、面となって、より深いメッセージとして発信されると確信します。

これからも、池田SGI会長の平和闘争を受け継ぐ青年たちが、若さあふれるパワーを結集し、平和運動の先頭に立ってくださるように期待しています。

(二〇一六年一月八日付掲載)

人道的競争の時代に期待

比治山大学
比治山大学短期大学部　学長

二宮　皓さん

にのみや・あきら
1945年、鳥取県生まれ。広島大学教育学部卒。広島大学の理事・副学長、放送大学の理事・副学長などを歴任している。

私には広島大学時代の同期生で、五十年以上親しくお付き合いしている学会員がいます。聖教新聞の記者となった彼の要望を受け、私は講演会の講師や聖教新聞「文化欄」に執筆などもしました。

十年以上前、定年退職した彼が、森林が国土の二割を切ったフィリピンで、植林活動のボランティアを。そして、被爆後の広島大学が世界の支援で緑がよみがえった史実を踏まえ、「広島から恩返しをしたい。ぜひとも協力を」と彼から依頼がありました。

当時、私は広島大学副学長。元学長で広島大学同窓会長の勧めもあり、現地に「広島大学の森」を創る事業を彼夫妻が設立したNGOに委託することに。また、多くの広島の中学・高校・大学生の協力もあり現在、百万本を超える樹木が成長する、約五十ヘクタールの森が誕生したと聞いています。うれしい限りです。

先日、「勇気の証言――ホロコースト展」広島展のオープニングに招待を受け参加しました。開幕式で、国際的な人権団体「サイモン・ウィーゼンタール・センター」のクーパー副会長のメッセージが紹介されていました。そのなかで、「『寛容の博物館』は一九九三年にオープンしましたが、その直前に訪問された池田氏こそ、『第一号』の見学者でありました」と。私はこの行動に、池田SGI会長の〝心の深さ〟を感じるのです。

私はアンネ・フランクの家や杉原千畝《ちうね》の記念館を訪れたことがあります。だから、人権の問題や寛容の尊さを察知した開拓者とも言うべきSGI会長の偉大さを、幾分かでも分かっているつもりです。

先の彼からは、軍事・政治・経済的競争、そして次に来たるべきものは「人道的競争」と、牧口常三郎初代会長が予見したと伺《うかが》いました。SGI会長を中心に人道的競争の先頭に立ち、多彩な社会貢献活動に取り組まれる創価学会の運動に期待しています。

(二〇一六年二月十九日付掲載)

〝挑戦〟が偉大な伝統を構築

㈱にしき堂　代表取締役社長
大谷博国さん

おおたに・ひろくに
1953年、広島市生まれ。2007年に食品衛生功労者として「厚生労働大臣賞」を受賞した。全国和菓子協会副会長、広島県菓子工業組合理事長、同観光土産品協議会会長などを歴任している。

本店と広島池田平和記念会館が同じ町内会で、二十年以上のお付き合いになるでしょうか。会員の皆さんが、よく店に立ち寄ってくださいます。表情が明るくて整然とした姿がとても印象的です。

創価学会は池田SGI会長のリーダーシップのもと、今や世界中に広がり、国や文化の差《さ》異《い》を超えて、互いに尊重していく「平和・文化・教育」活動を展開されています。

SGI会長は常に〝挑戦〟の大切さを語られていると伺《うかが》いました。挑戦し続けるなかに、偉大な伝統が築かれる、と私も思います。

実は、和菓子文化の歴史は古く、始まりは縄《じょう》文《もん》時代ともいわれています。広島でも庶民の生活に密着した文化でした。しかし、明治維新《いしん》や原爆投下によって和菓子文化が消滅しました。

貴重な歴史が残っていないのです。そこで、〝昔の面影《おもかげ》を取り戻したい〟と、パイロットだった創業者（故・大谷照三氏）が和菓子作りを始めたのです。

私は「百試千改《ひゃくしせんかい》」という言葉を大切にしています。〝百回試して、千回改める〟。今ある商品は、どれも発売までに約三〜四年、大好評の「生もみじ」は約十年かけて試作。代表作の「もみじ饅頭《まんじゅう》」も、時代の味覚に合わせるため、今でも挑戦の毎日です。

お菓子は、人を笑顔にする〝平和の食べ物〟です。和菓子の「和」は、和《なご》みの「和」であり、平和の「和」です。平和に果たす役割は大きい。私たちはその自覚で挑戦し続けていきます。

創価学会の皆さんは、視野を広げられる環境にあると思います。そのために、特に青年には〝好奇心〟を持って活動してもらいたい。もっと視野が広がれば、今いる所がどんなに素晴らしい所なのか実感できると思います。これからも皆さんが、人々の心のよりどころとなられることを心から願っています。

（二〇一六年三月十八日付掲載）

岡山県

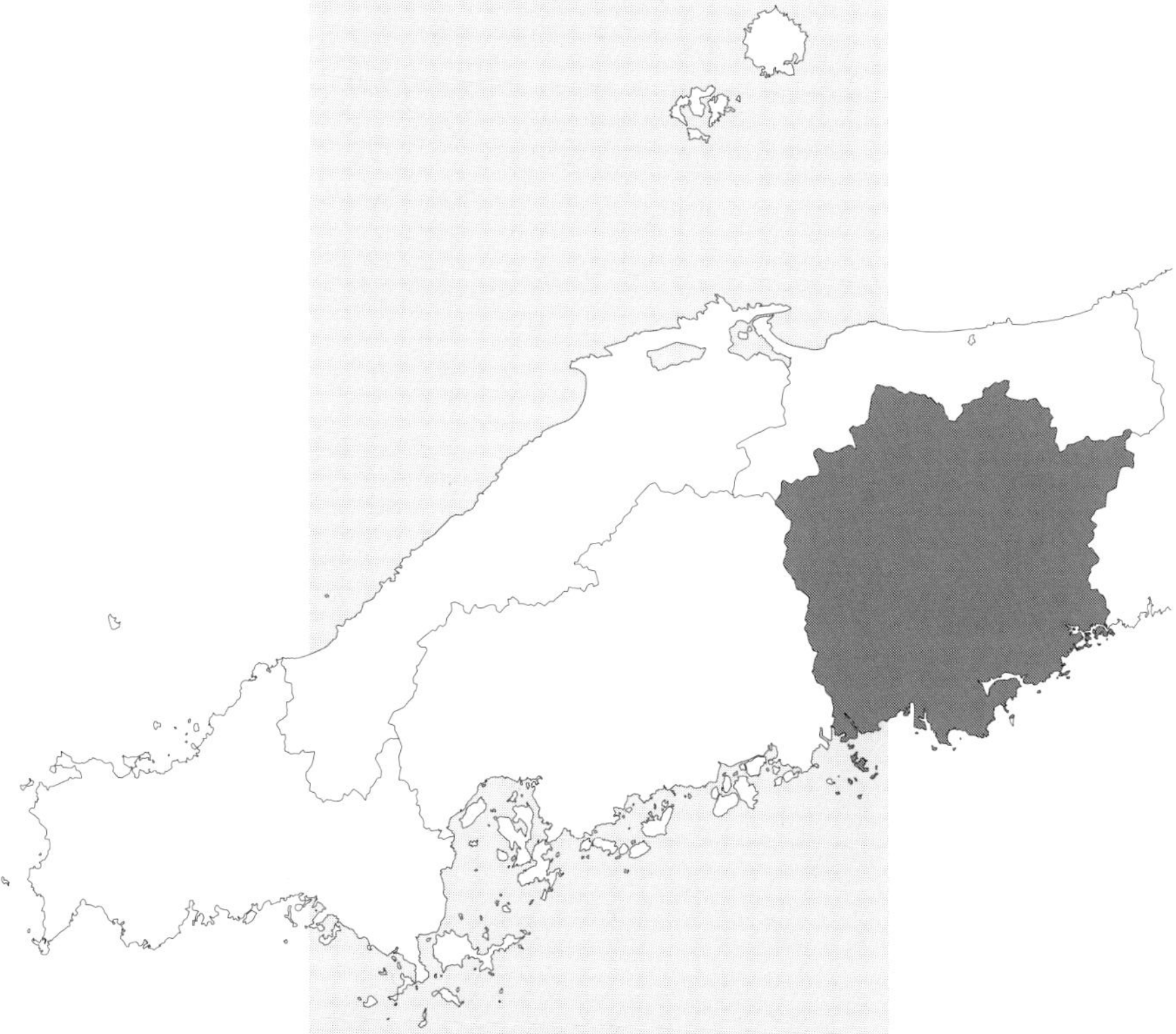

学会を知れば知るほど　その魅力に圧倒！

㈱おかやま財界　社長
池田武彦さん

いけだ・たけひこ
1939年、岡山市出身。62年、山陽新聞社に入社。同社・元論説主幹。99年から現職(3代目)。

私は、新聞社に四十年近く勤務し、論説委員として社説やコラムを執筆。今は、岡山の経済誌を発行しており、長年、マスコミに携《たずさ》わってきました。

毎朝、各社の新聞を一読。もちろん、聖教新聞も愛読しています。他紙と比べて印象的なのは、紙面に、はじけるような勢いがあること。それは、創価学会に勢いがあるからでしょう。また、レイアウト(割り付け)もうまい。信仰体験のページから文化、生活と多岐《たき》にわたり読み応《ごた》え十分です。

池田SGI会長とは、お会いしたことはありませんが、毎日、紙面で見ると、八十一歳とは思えないぐらい、年齢を感じさせない方ですね。常に最前線に立って、学会員さん一人一人を励まされ、さらに、さまざまな事柄をよく承知していらっしゃる。

とりわけ青年をこよなく愛する温かさが、ひしひしと伝わってきます。ＳＧＩ会長の行動と思想を、若い人たちが受け継ぎ、活躍されることを期待しています。

これまで私は、創価学会の会合にしばしば参加させていただきました。

そのなかで、学会員さんが交わす話に、〝戦う〟という言葉がよく使われますね。相手は誰かと思えば、理不尽《りふじん》な悪もありますが、何より、自身の臆病な心に対して、用いられているんですね。自分が成長することが、社会の平和につながるという、学会の皆さんの生き方に強く共感を覚えます。

学会について、あらためて、取材してみたいですね。知れば知るほど、その魅力に圧倒されます！

（二〇〇九年五月八日付掲載）

創価学会は「女性運動の先駆け」

おかやま女性国際交流会　会長
池上淑恵さん

いけがみ・としえ
岡山県出身。男女平等な社会の実現を促進する「おかやま女性国際交流会」で活動する他、NGO「イースト岡山女性ネットワーク」や「御津町りんごの会」として青少年健全育成のための啓発活動に尽力する。

私と創価学会との出合いは、一九九四年に、男女平等な社会の実現と国際交流を促進する「おかやま女性国際交流会」で、品川美和子さん＝岡山旭日総県王者中区、区副婦人部長＝と知り合ったことがきっかけです。

また、品川さんが代表を務める「おかやま女性会議」にも所属し、勉強会等で親交を深めていきました。そのなかで多くの学会員の方々が一生懸命《けんめい》、勉強をされている姿に感銘《かんめい》を受けました。また、こうした活動を通し、一生涯お付き合いしていける友人もつくることができました。

創価学会が、信仰や活動などを通して人格を磨き、見識を高め、社会に有為《ゆうい》な人材を輩出されていることを実感しました。

これまで、創価学会の会館や一般の会場で開催された、展示会や講演会などにたびたび、参加してきました。

ある会合で、登壇した学会の婦人が、私のいとこだったことは驚《おどろ》きで、創価学会の広がりを実感しました。また、会館の駐車場などで整理にあたる青年役員の姿がはつらつとして目が輝いていたことに感激しました。

過日《かじつ》、岡山県立美術館で開催された「華麗《かれい》なるオーストリア大宮殿展」にもお招きいただきましたが、〝世界平和は、芸術の力により達成される〟との池田SGI会長の熱い思いが込められている、と感動しました。

時に、創価学会のマイナスイメージの情報を耳にすることがありますが、お付き合いしている学会員さんの誠実な人柄を直接、目にしているので、そのようなことは信じるに値《あたい》しません。

SGI会長が一九六〇年代の早くから「女性の地位向上」のために「二十一世紀を女性の世紀に」と提唱されてこられたことを知り、驚きです。だからこそ、創価学会は「女性運動の先駆け」であると尊敬しています。

今後もますます創価学会の女性リーダーが、社会のあらゆる分野で力を発揮し、日本社会の発展に貢献してもらいたい――こう切に願っています。

（二〇一〇年六月二十五日付掲載）

池田SGI会長の真心に〝感謝〟

岡山県浅口市　前市長
田主智彦さん

たぬし・としひこ
1938年、岡山県鴨方町出身。61年、早稲田大学を卒業後、会社経営を経て、91年に鴨方町長に就任。2006年、合併で誕生した浅口市の初代市長を務めた。

一九九七年に鴨方《かもがた》町で行われた第三回「岡山農村ルネサンス体験談大会」に当時、町長として参加。皆さんが見せる底抜けの明るさに、私も元気をもらいました。来賓《らいひん》あいさつの出番になった時、思わず階段を二段ずつ駆け足で上っていました。気持ちが高揚したというか、本当に元気をもらったんです。

翌年には、商工会館で上映された映画「未来への輝き――世界を結ぶ青年のネットワーク」を観賞。池田SGI会長に、グラスゴー大学から名誉博士号が授与されたシーンを見て心から感銘《かんめい》を受けました。

グラスゴー大学といえば、あの産業革命の推進力となり、経済学の鼻祖《びそ》アダム・スミスが学んだイギリスの名門。その映像を見て、私も大学の講堂のなかにいるような臨場感に思わず緊張し、とても幸せな気持ちになりました。その感動を地元の広報誌に掲載したのです。

　その記事をＳＧＩ会長が読んでくださり、さらに思いもかけず、「感謝」とのご揮毫《きごう》を頂いたのです。その真心に胸が熱くなりました。以来、私はＳＧＩ会長のスピーチや著作を学び、市井《しせい》の現場で役立ててきました。

　ＳＧＩ会長は世界のリーダー的存在であり、大きな器の人物です。常に高遠な理想を掲げ、平和・文化・教育に多大な尽力をしておられる。本当に心から尊敬しています。

　私は、創価学会の皆さんに期待してやみません。今、世界は混迷の闇を深めております。そういう今だからこそ宗教、確固たる哲学が必要です。

　世界で最も勢いがあり、信念、団結力がある学会の皆さんが中心となり、世の中を変えてもらいたい。ＳＧＩの運動があれば、世界の平和と地球の未来は明るく輝くようになると、私は確信しています。

（二〇一〇年九月十七日付掲載）

行動と理念に見た学会の真実

イーブくらしきネットワーク
学習・文化部　部長
金谷安子さん

〝創価学会は正しい〟――世間がどう評価をしようと、私は、こうはっきりと申し上げます。

そう確信に至った理由の一つは、〝学会員の行動・振る舞い〟です。

一九九四年、男女共同参画《さんかく》社会の実現を目指して、「イーブくらしきネットワーク」を発足。その時、共に運営に携《たずさ》わった早川美也子さん＝倉敷広布圏・水島支部、圏副婦人部長＝と知り合ったことで、学会員の方々と接するようになりました。

皆さん誠実で一生懸命《けんめい》。特に、創価学会の会館を訪問した際、応対してくださる若い女性のキラキラした瞳《ひとみ》の輝きといったら……。

『香峯子抄《かねこしょう》』のラジオ朗読を拝聴し、香峯子夫人の温かな振る舞いを知りました。それと同じく、〝人のために〟という信念で行動されている

かなや・やすこ
岡山県出身。男女共同参画社会の実現を目指し、「イーブくらしきネットワーク」を発足。倉敷市文化振興財団の評議員、岡山県男女共同参画推進センター運営委員、くらしき男女共同参画フォーラムの実行委員長などを歴任。

んですね。

延べ百五十回を超える講演を行い、女性の社会進出を呼び掛けてきた私は、「創価学会の女性こそ社会の表舞台で活躍すべきだ」と訴えたいのです。

もう一つは、〝創価学会の理念〟です。

社会の発展を目指して開催される講演会や展示会に参加するなかで、学会の理念に大変、共感しました。

なぜならば、私も倉敷市文化振興基本計画審議会の副会長を務めるなか、「文化、教育の推進が、より良い社会をつくる」と考えていたからです。

その理念を提唱された池田ＳＧＩ会長の思いを知ったのが、三年前に開催された「自然との対話――池田大作写真展」でした。

来賓《らいひん》として参加した私は、ある一枚の写真にくぎ付けになりました。それは真っ青な空に映った満開の桜。

〝心が写真に表れる〟と言いますが、平和のために尽力されるＳＧＩ会長だからこそ撮れたのでしょう。今も、写真集を開いては、その心に触れています。

私は自分の目で確かめ、長年、接するなかで、創価学会の真実を知りました。〝行動と理念〟――。この二つが合致しているからこそ、創価学会は正しいと確信するのです。

（二〇一一年二月十一日付掲載）

崇高な信念を継承する学会

倉敷市文化連盟　会長
室山貴義 さん

むろやま・たかよし
1929年、岡山県生まれ。倉敷市の市民局長などを経て、87年に助役に。歴史的町並みの背景の重要性を訴え、全国初の「伝統的建造物群保存地区背景保全条例」の制定に尽力。

私は倉敷市の助役を務めた後、文化の振興にいささかでもお役に立ちたい、と文化連盟の会長になりました。就任当初は、連盟が企画し手掛ける行事は皆無《かいむ》で、加盟団体の行事を束ね「文化祭」と呼ぶだけでした。

私は、いくつかの催《もよお》しを企画し、予算不足はチケットを売ることでカバー。今日では「倉敷邦楽日舞名流選《ほうがくにちぶ》」「吟剣詩舞道祭」「くらしきジュニア伝統芸能祭」など、いくつもの行事を開催するまでになりました。今は加盟団体も二百を超え、会員総数も二万人以上になります。

創価学会は、池田ＳＧＩ会長が創設した民主音楽協会や東京富士美術館を通じ、異文化交流を活発に進めてこられました。ここまで築き上げるまでに、並々ならぬ見識と努力があったことが、私にはよく分かります。

また、これまでに「自然との対話──池田大作写真展」や「21世紀環境展」などに参加してきましたが、このような創価学会の催しは、どれも平和と文化の向上の核心に迫るものばかりだと感じています。

私はSGI会長とお会いしたことはありませんが、聖教新聞や「グラフSGI」などを通して、世界の国家指導者や識者と対談され、国家勲章《くんしょう》や名誉市民証など数々の顕彰《けんしょう》を受けておられることも知りました。その背景にはSGI会長が、初代、二代会長の平和・文化・教育を推進する揺るぎない崇高《すうこう》な信念を受け継ぎ、人類の幸福や恒久《こうきゅう》平和の実現のため、長年にわたって続けてこられた具体的な行動があるからと信じていますが、実に〝偉大な指導者〟ですね。

さらに、SGI会長の精神を受け継ぎ、このたびの東日本大震災でも多くの学会員が、人のために頑張っておられる様子を聖教新聞で知り、大変に感銘《かんめい》しました。このような学会の素晴らしさが、もっともっと世間の人たちに伝わっていけばと思っております。

今後もますます創価学会が輝きを増し、平和と文化に貢献してくださることを、心より期待しております。

（二〇一一年九月二日付掲載）

活字文化への貢献に感謝

岡山県書店商業組合　理事長
吉田達史さん

東日本大震災が発生してから一年余。震災後、東北を中心に本の売れ行きが増加したという報道がありました。自然の猛威《もうい》を前に、人間の非力さを痛感した時、あふれ出る知識欲が読書につながったのだと思います。

聖教新聞では、今も「東北福光新聞」を連載されています。「負げでたまっか」との言葉を目にした時、お客さまをはじめ、書店の社員にも、見てもらいたいと思い、切り抜いて店の出入り口に掲示しています。

私たち、岡山県書店商業組合は、二〇〇八年一月二日に池田ＳＧＩ会長に感謝状を贈らせていただきました。

これは、活字離れが進む今の時代に、ＳＧＩ会長が、活字文化の復興を提唱され、自《みずか》らも小説、詩歌《しいか》、随筆などを多く執筆されていること

よしだ・たつし
1939年、岡山県生まれ。早稲田大学卒業後、集英社勤務を経て、吉田書店に入社。95年に5代目代表取締役社長に就任する。

を知り、こうした活動とご見識に敬意を込めて贈ったものです。活字文化に携《たずさ》わるものとして、本当にうれしく感じていますし、感謝しています。

また『青春対話』で、ＳＧＩ会長は「読書は〝人間だけができる特権〟」「一冊の良書は、偉大な教師に巡り会ったのと同じ」と語られています。ＳＧＩ会長自身が、若い時から率先《そっせん》して読書を実践されてきたからこそ言える言葉でしょう。

また、聖教新聞を読むたびに、いつも写真が素晴らしいと思います。会員の皆さんが本当にいい笑顔で写っていますね。なかには、不機嫌な人もいるかなと思ってよく見ても、隅《すみ》の方に小さく写っている人までニコッと笑顔。信仰を持つ人の強さ、明るさを感じます。

池田ＳＧＩ会長が撮られた景色や花の写真も大変きれいで、「グラフＳＧＩ」などを切り抜いて保存することもたびたびです。

本に携わる者として私もこれまで、活字文化の復興に取り組んできましたが、今後もさらに尽力していきたいと決意しています。

（二〇一二年四月六日付掲載）

池田SGI会長の先見性と勇気に圧倒

(社)日本中国友好協会　全国女性委員会
元委員長(岡山県日本中国友好協会　理事)

時實達枝さん

ときざね・たつえ
岡山県出身。(社)日本中国友好協会全国女性委員会元委員長。北京での国連第4回世界女性会議や国連特別総会「女性2000年会議」、東アジア女性フォーラムなどに参画。長年、女性の地位向上のための活動に携わっている。

二〇一一年の七月、聖教新聞一面の「地上の天宮《てんきゅう》　北京《ペキン》・故宮《こきゅう》博物院展」北海道展(東京富士美術館企画)の記事を見て、すぐに学会員の友人に問い合わせたんです。「岡山では、いつ開催するの?」と。すると、岡山での開催はなく、神戸で催《もよお》すとのこと。はやる気持ちを抑え、二カ月後の神戸展を鑑賞しました。

展示の角度が〝女性〟というのが良いですね。特に海外初公開の「女孝教図《おんなこうきょうず》」。全長八メートルの絵巻から、当時の女性の様子が生き生きと伝わってきて、食い入るように鑑賞しました。帰りに迷わず、図録を買い求めました。

私が創価学会を知ったのは、三十五年ぐらい前のこと。中国最大の女性団体である中華全国婦女連合会(婦女連)とお付き合いするなか、共に交流していた学会の婦人部の方から声を掛けていただいたのがきっかけです。当時はまだ、文化大革命の余燼《よじん》がくすぶっていた渦中《かちゅう》。日中友好に取り組む仲間として、どれほど勇気づけられたことでしょう。

池田ＳＧＩ会長が一九六八年に「日中国交正常化提言」を発表。そして七四年に、周恩来総理と会見されたことを伺《うかが》い、その先見性と勇気に、ただただ圧倒されるばかり。ＳＧＩ会長の日中友好における影響力がいかに大きいか、中国の方々と話して実感します。

ＳＧＩ会長の姿勢で一貫しているのは、直接、会って対話すること。〝必ず分かり合える〟という信念に、私は非常に共感を覚えます。

私自身の体験で、八四年に婦女連の方と丸二日間、列車で敦煌《とんこう》に行った時もそうでした。最初は、お互いぎごちなかったけど、敦煌に着くころには、何でも語り合える存在に。その方たちとは、今も楽しい交流が続いており、友好に尽くす原動力になっています。

青年部の皆さん、ぜひ中国の方と会ってみてください！　友好の礎《いしずえ》を築くのは、まず〝対話〟ですから。

（二〇一二年五月四日付掲載）

人間革命の哲学が人類をリード

岡山県商工会連合会　会長
西本和馬さん

にしもと・かずま
1938年、岡山県美咲町生まれ。81年から旧旭町(現・久米郡)商工会会長、96年から岡山県商工会連合会会長を務め、地域経済の振興に尽力する。

創価学会を知ったのは私が二十代のころ。昭和三十年代に、岡山市で行われた青年部の会合に参加しました。何千人もの人が集まり、皆で元気に歌を歌い、生き生きと信仰体験を発表する様子を見て、その勢いに驚《おどろ》きました。

世間から批判されていた時代もありましたが、最近では、「人間とは何か」との原点に立った教えや、〝地域社会のために〟と行動する姿を、高く評価する識者も多くなっています。

池田SGI会長の文章を聖教新聞で拝見し、エネルギー問題や地球環境をはじめ、全人類的な提言を続けていることに感銘《かんめい》を受けます。そして実際に行動されている。だからこそ世界中で信頼され、各大学や学術機関から大きく称賛《しょうさん》されているのだと思います。

諸外国では、ほとんどの人が宗教、哲学を

持っています。これほど無神論者が多いのは日本ぐらいでしょう。また、葬式仏教のように形骸化《けいがいか》している宗教も多く、どんな教えかを誰もきちんと教えてくれません。

しかし創価学会には、人が生きていく道、思想を皆に分かりやすく伝える積極的な行動があります。

また、学会の集まりに行くと、一人一人が真剣に話を聞き、一生懸命《けんめい》にメモを取っている。他の団体では見られないことです。本当に勉強熱心で意欲を持っている人が多い。そして何より、本気で信心されている方々に、非常に温かいものを感じます。

宗教に求められるのは、より高度で強力な人生哲学です。心が変われば、行動が変わり、運命をも変えることができる。この〝人間革命〟の哲学が素晴らしい。今後、人類をリードできるのは創価学会でしょう。

私たち商工会連合会は、地域のなかから生まれた組織です。未来を担《にな》う青年と共に、さらなる地域貢献に励んでいきたい。創価の皆さんにも大いに期待しています。

（二〇一三年二月一日付掲載）

創価学会は地域の縁の下の力持ち

吉備中央町　前町長
重森計己さん

しげもり・かずみ
1936年、岡山県生まれ。99年、上房郡賀陽町長選挙で町長に当選。2004年、合併により吉備中央町の初代町長に。同町ストックファームの代表も務めた。07年から岡山県町村会長も務め、県内町村による支援・交流協定を締結。地域の活性化に尽力する。

聖教新聞を購読し始めたのは三十年以上前になります。当時、私は農業を営みながら、町の教育委員長を務めており、皆への啓発のために良い考えを求めていました。

勧められて読んでみると非常に教養に満ちている。しかも日蓮仏法のしっかりした教えを根本としており信頼できると感じました。

私はこれまで、合併前の賀陽《かよう》町で町会議員を三期、町長を二期、合併後の吉備《きび》中央町の町長を二期務めました。苦労の連続でしたが、〝地域に住む皆さんを、いかに守っていくのか〟と真剣に取り組んできました。

そんななか、聖教新聞には大いに励まされ、「名字の言」をはじめ、何度も記事を引用し、あいさつをさせていただきました。

今でも、良い記事を紹介し合い、家族で語り合うことも。最近は妻が、「月刊誌『パンプキン』も、ためになる」と喜んでいます。

私はかつて、岡山県町村会長として全国の役職もいただき、中国五県をはじめ、全国の町村を回って交流を深めてきました。その内の一つに、東日本大震災における原発事故の放射能の影響で、住民が避難した福島県飯舘《いいだて》村があります。

皆さんの生活を心配していたところ、聖教新聞に、避難先でも生き生きと励まし合いながら頑張っている姿が紹介されました。本当に安心しました。

創価学会の日ごろからの絆《きずな》の強さに感心し、その立ち上がる模様を丁寧《ていねい》に紹介する聖教新聞のスケールの大きさに、あらためて感動しました。

学会員とは、個人的にもつながりがありますが、本当に真面目《まじめ》で熱心な方ばかりです。そして、公平に皆に尽くす姿勢が光り、地域に根差した声を多く聞くことができます。そういう意味で、学会は地域の縁《えん》の下の力持ちだと思います。これからも、地域が元気になるよう引っ張っていっていただきたいと、強く期待をしています。

（二〇一三年六月七日付掲載）

〃一人が大切〃の信念に期待

岡山県中小企業団体中央会　名誉会長
武田修一さん

たけだ・しゅういち
岡山県生まれ。1856年（安政3年）に創業したお菓子屋「㈱廣榮堂」の取締役会長。岡山県中小企業団体中央会会長、岡山県菓子工業組合理事長、岡山県火災共済協同組合・商工共済協同組合理事長などを務めた。2014年、岡山県三木行治記念賞を受けた。

三十数年前、小学校のPTA会長をしていた時のことです。夫を亡くし、二人の子を育てる婦人との出会いがありました。創価学会の方でした。

いろいろと苦労の連続で一見、不幸に思えたその婦人は、地域で人のやりたがらないことを率先《そっせん》して行い、いつも明るくニコニコしていました。お子様たちも良い子に育っていきました。今、心豊かに幸せに年を重ねておられます。この人は本当に創価学会に救われたと感じました。

人々の幸福のために尽くしていく。口で言うのは簡単ですが、実践は難しい。それを現実の上でやっているのが創価学会の皆さんだと思います。

戦時中、子どもだった私は、一九四五年六月の岡山空襲で、本宅も土場も店舗も、おまけに倉までも焼失してしまい、食べるものもなく、水を飲んで過ごしたつらい経験があります。腹いっぱい子どもたちに食べさせてあげたい。そして良い教育をしっかり受けさせてあげたい。そんな強い思いがあります。

稲田健三副会長(当時)には、日常のお付き合いを通じていろいろと教えられることが多いです。そのなかで、池田SGI会長も戦時中に苦労された経験があり、学校も作られ、教育の重要性を訴えられたことを伺《うかが》いました。今こそ、子どもたちの幸福のために、社会における教育の価値を高めるべきだと強く思います。

〝どうすれば、苦しんでいる人に生きる希望を与えていけるのか〟。創価学会は、心の世界だけでなく、社会に積極的に関わる姿勢を持っています。覇権《はけん》主義でなく人間主義で、皆を尊敬していく。特に〝命が大切〟〝一人一人が大切〟との一貫した発信があります。

今まさに大変な時勢ですが、そのままの信念を貫《つらぬ》き、行動されていくことを期待しています。

(二〇一三年十月十一日付掲載)

社会を支える〝創価の心〟

岡山県農業協同組合中央会　元会長

村上進通 さん

むらかみ・のぶみち

奈良県生まれ。岡山県では企画振興部長、農林水産部長などを歴任。県農業協同組合中央会会長、日本農業新聞代表取締役会長などを務めた。

国際化が叫ばれている今こそ、最も目を向けなければならないのは人々の生きる「地域」だと思います。その地域を発展させるためには農業の活性化が必要です。池田SGI会長が学会の農漁業に携《たずさ》わる同志に対して「地域の灯台たれ」と呼び掛けられたことに、深い感動を覚えました。

二〇一三年十一月、真庭《まにわ》市で開催された岡山農漁村ルネサンス体験主張大会に出席。会場全体が温かな思いやりの心で包まれているような印象を受けました。岡山の桃農家をリードする青年、夫と共に情熱を燃やす女性酪農家、ひるぜん大根の生産に励む元・消防士。皆さんの目は生き生きと輝いていました。SGI会長の指針を体現し、農業に命を懸《か》ける姿に胸を打たれました。

志《こころざし》を同じくする方々が、地域で奮闘する模様を報告し合い、思いを共有する。これほど素晴らしい取り組みはありません。社会に貢献しようと行動することこそが、〝創価の心〟なのではないでしょうか。

県庁で地域振興に携わる仕事をしていた時、当時の知事から「棚田から農業を勉強してはどうか」と勧められました。厳しい条件のなかで苦労されている農の現場を目の当《ま》たり《あ》にし、日本の未来のために農地を守り、農家を守り抜く、と心に決めました。

そんななか、インド近代農業の父・スワミナサン博士とSGI会長との対談集『「緑の革命」と「心の革命」』との出合いが。

SGI会長の「農業を大切にしない社会は、生命を粗末にする野蛮な社会です。その社会は、早晩、あらゆる面で行き詰まる――これが私の持論です」との鋭い指摘に衝撃を受けました。

農業復興をライフワークとしている私にとって、共感を超えた共感というか、心と心が触れ合った気持ちになりました。

「農業は神聖な仕事である」とのSGI会長の洞察は、懸命《けんめい》に農にいそしむ尊い農家の姿を、最も的確に表しておられると思います。創価学会の皆さんには、SGI会長の精神を多くの人に伝え、命を育《はぐく》む優しい「農」の心を広げていただきたいと思います。

（二〇一四年一月十日付掲載）

伝えてほしいＳＧＩ会長の思い

学校法人就実学園　理事長
（岡山大学　前学長）
千葉喬三さん

ちば・きょうぞう
1939年、京都府生まれ。農学博士（京都大学）。岡山大学前学長。学校法人「就実学園」理事長を務める。

「21世紀環境展」が岡山県倉敷市で開催された二〇〇八年八月、同展の開催を記念する講演会に講師として招かれました。

以来、さまざまなイベントにご招待いただき、池田ＳＧＩ会長の『ＳＧＩの日』記念提言」をはじめ、多くの著作にも触れる機会に恵まれました。

読み進めるなかで感じることは、ＳＧＩ会長の、〝先を見越した目〟が優れておられること。また、世界的規模の視野をもって、重要な諸問題について論じられており、細部にまで目が行き届いていることに、感心をしています。

青年部の皆さんにはぜひ、これら〝人生の教科書〟からしっかり学んでいただきたい。一節でも良いのです。ＳＧＩ会長が何を伝えようとしているのか。きちんと勉強して、それを周りに伝えていくことが大切です。

　ＳＧＩ会長の言葉は普遍的であり、重要なことを分かりやすく伝えておられます。その解釈はいろいろあっていいと思います。初めから「こうだ」と決めつけないで、自分の意見を出し合ってください。

　昨今《さっこん》、他人の意見に流されて、批判だけをする人も少なくありません。意見を出し合えば、物事を考える力が付きます。それが自信にもつながります。そうなれば、自分の言葉で、伝え、広げていくことができます。

　「継承」するためには「絆《きずな》」と「つなぎ」が必要だと考えます。

　「絆」が同世代を生きる〝ヨコ糸〟なら、「つなぎ」は時代を超えた〝タテ糸〟になります。特に青年部の皆さんが、同世代との〝絆〟を強め、そして多くの人に〝つないで〟いけば、ＳＧＩ会長の思いを継承していくことにつながると信じています。


（二〇一四年四月十八日付掲載）

〝金の橋〟をさらに堅固に

岡山県華僑華人総会　会長
劉　勝徳さん

りゅう・かつのり
1946年、島根県生まれ。華僑（中国本土から海外に移住した中国人およびその子孫）や華人（移住先の国籍を有する中国系の人）が日本社会へ順応するためのサポートを行っている。

創価学会との初めての出合いは中学生の時です。当時、出雲に住んでいた私は、友人に誘われて学会の会合に参加しました。その時、中学校の先輩が元気いっぱいに扇子《せんす》で指揮を執っていて、本当に驚《おどろ》きました（笑い）。

学会の歴史を学ぶなかで、一九七四年に、池田ＳＧＩ会長が周恩来総理と会見されたことを知りました。私たちにとって周総理は父のような存在です。周総理が信頼を寄せる創価学会の方々と、共に友好の〝金の橋〟を懸《か》けたいと思うようになりました。

一九八五年五月二十六日、岡山市総合文化体育館で行われた第二回「岡山青年平和文化祭」に参加した時のことです。会員一人一人が、壇上の池田ＳＧＩ会長を真剣に見つめていたことを、今でも鮮明に覚えています。それは見えない糸でつながっているようでした。〝会員との絆《きずな》がこんなにも強いのか〟と驚き、本物の指導者の姿を垣間《かいま》見た思いがしました。

それ以後も、友人と共に数回、座談会に参加。さまざまな職種の老若男女《ろうにゃくなんにょ》の笑顔があふれる、地域に根差した庶民の集いでした。信仰体験も素晴らしい。しっかりと地に足がついた団体だと感心し、〝座談会にこそ、学会発展の土壌がある〟と確信しました。

これからも日本の中核たる創価学会青年部の皆さんと共に、中日友好の〝金の橋〟を、さらに堅固なものにしていきたいのです。池田ＳＧＩ会長という真のリーダーのもとで育った頼もしい青年部に、大いに期待しています。

（二〇一四年七月二十五日付掲載）

子どものために共に行動を

岡山市　前市長　**髙谷茂男**さん

たかや・しげお

1937年、総社市生まれ。(株)サンヨープレジャー取締役会長。「おもちゃ王国」「チボリ・ジャパン」の代表取締役社長などを歴任後、岡山市長を2005年から二期務めた。

「おもちゃは大人が作るもの。だから大人が試されている」——二〇〇四年、創価学会が井原市で開催した「世界のおもちゃ展」のレセプションで、私の信念を述べさせていただきました。

一九六四年、山陽玩具(現・サンヨープレジャー)の社長に就任。以来、大人の一人として、子どもたちの手に良質なおもちゃが届くよう、懸命《けんめい》に働いてきました。それが子どもたちの豊かな心を形成し、愛情あふれる人間に育っていくことにつながるからです。

その意味で、創価学会の、〝どこまでも人のために行動する〟との生き方は、子どもたちの良いお手本となります。自分の幸福だけでなく、人の幸福も祈る。この〝利他〟の精神に、いつも感銘《かんめい》を受けています。

私は特定の宗教は持っておりませんが、〝信仰心〟は大切だと考えています。〝信念〟と言ってもいいですが、確固たる生き方を持っている人は強い。何かに精力的に活動している人は、何かしらの信念を持っているというのが、私の印象です。

また、〝信仰心〟を後生に伝えることも大事です。二〇一一年、創価大学と東京富士美術館を訪問しました。生き生きとした学生の姿から、創価の精神が見事に受け継がれていると感じました。見習うべき点です。

「幸せな社会をつくる」という点で、私たちと創価学会の目指す方向は同じです。私は、〝創価の精神が多くの人に広まれば、世界平和はできる〟と、心から思っています。そのためなら協力は惜しみません。子どもたちの幸せな暮らしのため、共に行動していきましょう。

（二〇一四年九月十九日付掲載）

生死観を確立できる信仰が素晴らしい

岡山県医師会　元会長
小谷秀成さん

創価学会の知人に誘われて、これまで「華麗《かれい》なるオーストリア大宮殿展」「池田大作と中国展」など、数多くの催《もよお》しに参加させていただきました。学会の平和・文化・教育の取り組みが、国内にとどまらず、世界各国に広がっていることに感銘《かんめい》を受けています。

聖教新聞も十年以上愛読しています。一面の「わが友に贈る」や「今週のことば」は毎日、目を通します。短い言葉ですが、名文句が並んでいます。分からない言葉は、辞書を引いて調べることもあります。

以前、「今週のことば」のなかに「苦労は即『充実』　忍耐は即『栄光』」と。私は、医師会をはじめ、多くの役を同時に務めてきました。多忙を極めた時期もありましたので、この言葉は大変に良く理解できます。報われないと思った苦

こだに・ひでなり
1933年生まれ。岡山大学医学部卒。岡山市内に内科小児科医院を開業。岡山市医師会会長、岡山看護専門学校校長などを経て、2000年4月から岡山県医師会会長。

労が、全て今に生きています。

また、「生老病死を見つめて」（「老い」と向き合う）という連載に感動を。死を忌《い》み嫌う風潮がある世の中にあって、「死」という問題に焦点を当てた興味深い内容でした。普段の生活のなかでは、意識しづらい死と向き合い、生死観を確立することで生が輝く。このような発想は大変に素晴らしいと思います。

創価学会には頼もしい青年が多くいます。若い時からこのような生死観を学べば、老いた人や、病気の人を見る目が変わってくると思います。人を見る目が変わることで、他人を思いやり、人のために行動できるようになるのです。学会員の皆さんに誠実で腰の低い方が多いのも、そういった目が信仰で養われているからだと思います。

これからの学会を担《にな》う青年部の皆さんに期待しています。

（二〇一四年十二月二十六日付掲載）

民衆を鼓舞する〝文字の力〟

山陽新聞社　代表取締役会長

越宗孝昌さん

二〇一〇年一月、「華麗《かれい》なるオーストリア大宮殿展」が岡山で開催され、主催者を代表して、あいさつをしました。そのなかで、池田ＳＧＩ会長から頂いた至言《しげん》「文章は経国《けいこく》の大業《たいぎょう》にして、不朽《ふきゅう》の盛事《せいじ》なり」（魏《ぎ》の文帝の言葉）を紹介させていただきました。「文章は国を治め、整える大事業であり、また永遠に朽《く》ちることのない盛大な事業である」という意味です。この言葉に、大きな勇気をもらい、初心に帰る思いがしました。

地方紙は地域の発展を第一に考え、細やかに報道するなかで社論を展開します。この地域に根差した活動が、〝経国の大業〟に通じ、永遠性につながるものと信じます。若い編集記者には、この言葉を引用して「小さな活動、足下が大事である」と、よく話しています。

さらに、ＳＧＩ会長から〇六年、弊紙《へいし》に特別

こしむね・たかまさ

1941年生まれ。岡山県出身。65年、関西学院大学卒、山陽新聞社入社。2006年、代表取締役社長に就任。14年から現職。

寄稿「文字文化復興の新潮流を」を頂きました。そのなかの「文字とは、人間の生命活動の一部、いな、生命そのものとさえ言える」との言葉に心から感銘《かんめい》を受けました。

その掲載当日に弊社がホスト役を担《にな》い、岡山で行われた新聞大会で、「新聞の恒久性《こうきゅう》・文化性を考える研究座談会」を開催。コーディネーターを務めた私は、このSGI会長の特別寄稿を心の軸に据《す》え、会議をまとめました。新聞人として、自《みずか》らの大きな指針となっています。

SGI会長の小説『新・人間革命』の連載が、小説『人間革命』と合わせて七千回に至り、日本の新聞小説史上、最多の連載回数を更新しておられると聞きました。

SGI会長ご自身が、文章を通じて民衆を鼓《こ》舞《ぶ》し、平和活動の先頭に立って行動されている姿こそ、〝文字の力〟を信じ抜いている証左《しょうさ》であると拝察《はいさつ》いたします。

（二〇一五年三月二十七日付掲載）

「人類益」見据えた考察に感動

岡山大学　名誉教授

青山　勲さん

あおやま・いさお

1942年、京都市生まれ。おかやま環境ネットワーク代表理事。岡山大学教授・副学長等を歴任。著書に『化学物質の生態リスク評価と規制』(共著)など多数。

二〇一四年十一月、「ＥＳＤ(持続可能な開発のための教育)に関するユネスコ世界会議」に合わせ、岡山市で開催された環境展示「希望の種子」展の開幕式に出席しました。ＳＧＩと地球憲章インタナショナルとの共同制作で、写真が秀逸。文章のなかには、座右《ざゆう》の銘《めい》になる言葉もあり、たくさんのメモを取りました。

これまでにも、一一年の「わたしと地球の環境展」をはじめ、学会の催《もよお》しに参加する機会がありました。なかでも一四年三月、講師として招かれた聖教文化講演会では、講演を聴く青年部の姿勢はもちろん、青年部役員の対応も素晴らしく、大変に感動したものです。

私は長年、ＥＳＤ活動に携《たずさ》わり、岡山ＥＳＤ推進協議会の初代会長を、十年間務めてきました。活動の目的は、環境、社会、経済という三本柱の、バランスのとれた開発です。

私は以前から、これらの他に「文化」という新たな要素の必要性を感じていました。いわゆる伝統的文化であったり、倫理観や規範といったものです。今ある柱の根底に文化という土台がなければ、持続可能な社会の構築は困難だと思います。

そんな時、池田ＳＧＩ会長と環境学者のヴァイツゼッカー氏の対談集『地球革命への挑戦』を読み、ＳＧＩ会長の深い考察に感銘《かんめい》を受けました。ＳＧＩ会長は、環境などの諸問題に対して、技術的な解決策にとどまらず、「人類益」を見据《す》えた文化、文明論的な観点からも話を展開されていました。対談に触れ、頭のなかのパズルが一気に組み上がったような気がしました。

私は自然科学者ですから、科学的な真実を何より大事にしています。ＳＧＩ会長は世界的な宗教団体の指導者として、現代科学に対する非常に広範な知識と、深い造詣《ぞうけい》をもって行動をされている。だから信頼できる。

学会青年部の皆さんがＳＧＩ会長のように、ますます社会に良い影響を与えられることを期待しています。

（二〇一五年六月五日付掲載）

国境超え 友好結ぶ姿勢に共感

岡山外語学院　校長　**片山浩子**さん

かたやま・ひろこ

広島県生まれ。1984年に岡山外語学院を設立。岡山市日中友好協会会長。学校法人「アジアの風」理事長を務める。

私が創価学会と出合ったのは約五年前、岡山外語学院が現在の地に移転したころのことです。近所に学会員の方が多く、学院を理解して温かく受け入れてくださったのです。以来、多くの学会行事に参加しています。二〇一四年十一月には「希望の種子」展にも招待していただきました。

また、さまざまな出版物も読んでいます。「グラフSGI」は、活躍するメンバーの姿を通して、創価学会が世界中に交流を広げていることを実感させてくれます。池田SGI会長の撮られた写真も素晴らしいです。

岡山外語学院では、世界中から留学生を受け入れ、日本語教育をしています。なかでも中国人が多いですね。留学生受け入れ事業の関係で、程《てい》永《えい》華《か》駐日大使と会ったことがあります。

最初は知らなかったのですが、日中国交正常化後、日本で初めて正式に中国人留学生を受け入れたのが創価大学で、程大使はその時の留学生だったのです。

これは当時の日本社会で、中国に対する理解が進んでいないなか、特筆すべきことです。SGI会長は、卓越した先見性がある方だと思います。

SGI会長は、青少年の育成や教育の大切さを主張し続けておられます。未来のためには、青年を育てるしかありません。程大使のように、SGI会長がまいた種が今、日中友好の懸《か》け橋となって花開いている。すごいことです。

また、創価学会として長年、訪中団を送り続けていますね。一過性ではなく、地道に継続する姿勢に共感を覚えます。

SGI会長には、国境を超えて友好を結ぶという一貫した〝平和思想〟があります。これは、平和を考えなければいけない今、ますます大切になる思想だと思います。

交流を続けることが、相互理解を生みます。それこそが、安全・平和につながる王道だと考えます。

（二〇一五年七月三十一日付掲載）

文化は人の心をつなぐ

公益社団法人
岡山県文化連盟　会長
若林昭吾さん

わかばやし・しょうご
1953年、岡山県生まれ。㈱三好野本店代表取締役社長。県茶道連盟会長、県体操協会会長などで幅広く活躍。

　一九八五年、第二回「岡山青年平和文化祭」に招待していただきました。それまでは、創価学会について、あまり知りませんでした。驚《おどろ》いたことに席が池田SGI会長の斜め後ろ。当時まだ若かった私に、SGI会長はわざわざ振り返って声を掛けてくださったのです。とても誠実な方だと、好感を持ちました。

　文化祭は、言葉にできないくらいの感動を覚えました。特に音楽隊、鼓笛隊の演奏。ここで私は、初めてマーチングバンドと出合ったのです。

　それから三年後、「マーチング・イン・オカヤマ」というイベントが始まることに。大会の実行委員長を依頼されました。何も分かりませんでしたが、〝これは創価学会の文化祭で見たことがあるぞ〟と思い、引き受けることができたのです。以来、二〇一五年十月十一、十二日の開催で二十七回目。四十以上の団体が参加し、ゲストに著名な英国近衛《このえ》軍楽隊が出場するまでに発展しました。

「マーチング・イン・オカヤマ」は、一回目から学会の青年部や音楽隊の皆さんに運営を手伝っていただき、共に歩みを重ねてきました。

時には、準備が深夜に及ぶことも。普通は不満や文句を言う人が出てきます。しかし、学会の皆さんは、誰も文句を言わない。こんなことは、世間ではなかなかありません。また、すれ違う時、自分たちから必ずあいさつをしてくれます。本当にすがすがしい。

SGI会長は文化祭で〝文化には敗者がない〟と言われました。文化は人と人の心をつなぐものです。文化が発展すれば、争いが起こることはないのです。

学会の青年部は、いつも活力に満ちていて、心配な人は一人もいません。どうか皆さんの力で、今後の日本をより平和で良いものにしていってほしい。それが私の願いです。

（二〇一五年十月九日付掲載）

〝心〟を大切にする姿勢に感動

岡山県婦人協議会　会長　土屋紀子さん

つちや・としこ
岡山県倉敷市出身。倉敷市婦人協議会会長も兼務している。

これまで多くの団体と交流してきましたが、どの団体にも創価学会の方々が所属されていました。皆さん、一生懸命《けんめい》で若々しく、気配りができる方ばかり。〝さすがは学会だな〟と感心していました。皆さんの人柄や活動に共鳴していたので、学会の会合や展示にお誘いを受けると、〝ぜひ行かせてください〟と積極的に参加するようになりました。

私たちは、地域婦人団体の連絡協議機関として、男女平等の推進、青少年の健全育成、高齢社会への対応、地域社会の福祉増進など、幅広く取り組んでいます。

池田SGI会長は〝二十一世紀が「女性の世紀」となってこそ、真に平和な生命尊厳の社会が築かれていく〟と、女性の役割の重要性を訴えていらっしゃいます。皆が笑顔で心豊かに生きられる「男女共同参画《さんかく》社会」の実現を目指す私たちの理念と、相通ずると感服しています。

二〇一二年には、「自然との対話——池田大作写真展」に出席させていただきました。躍動するパワーを感じる素晴らしい写真の数々に感動しました。その時、SGI会長が会員の激励のために写真を撮り始めたと伺《うかが》い、「だから写真から温かい〝心〟が感じられるのだ」と納得しました。

学会では、日蓮大聖人の「心こそ大切なれ」との教えを実践しているそうですね。先日、倉敷市で行われた日本女性会議で、当会が参加者への〝おもてなし〟をさせていただきました。〝とにかく、皆さんに喜んでいただきたい〟と心を尽くし、好評を博することができました。心の底から出た言葉こそが、人の心を打つのだと実感しています。

心を大切にする学会の姿勢に共感します。少しでも多くの人に、この素晴らしい学会について関心を持ってほしい。今後もさらに広く門戸を開き、大きく発展されることを期待しています。

（二〇一五年十一月二十日付掲載）

ＳＧＩ会長の会員を思う心に感動

岡山エフエム放送㈱　相談役
若狭正吾 さん

わかさ・しょうご
1945年、岡山県生まれ。山陽新聞社の専務取締役、倉敷本社代表等を歴任。その後、岡山エフエム放送株式会社の代表取締役社長を経て、2015年6月から現職。

私がまだ山陽新聞社の新米記者だったころ、岡山で行われた創価学会主催の「'71中国文化祭」を取材することになったのです。

それが創価学会との出合いでした。驚《おどろ》きました。というより心が洗われたような気がします。それまで自分が持っていた先入観が一掃されたからです。本社に戻り、同僚やデスクに「すごい行事だった」と感動を語ったことを覚えています。

忘れ得ぬ感動と言えば、「自然との対話――池田大作写真展」。それは一枚の雪国の風景写真でした。目を凝《こ》らして見ると、真っ白な雪景色の奥の方に小さな人影が写っていました。その説明を伺《うかが》って、池田ＳＧＩ会長の卓越した着眼点、一人の会員を思う心に大感動しました。

今では、多くの学会員の知り合いがいます

が、お付き合いする人が、皆、良い人ばかり。聖教新聞を配達してくださる方も、丁寧《ていねい》な素晴らしい方です。

知人に勧められ、昨年から購読しています。正直、当初は難しい仏法用語が書かれているという印象で〝積《つ》ん読《どく》〟だけでしたが、ある時、ふと紙面を開いてみました。

倉敷の若い陶芸家が紹介されていました。記事を読んでびっくり。私の実家近くの方だったのです。しかも彼のお父さんは、私もよく知る著名な陶芸家。聖教新聞が一気に身近になりました。

また、信仰体験が素晴らしい。特に闘病体験に感嘆しています。かつて私も大腸がんを患《わずら》ったので、患者の思いはよく分かる。記事は、その心に迫っており、取材記者の情熱を感じます。

私自身、長年、新聞記者やデスクを経験してきましたので、同じ言論人として、聖教新聞を作る皆さんのご苦労は分かるつもりです。社会正義実現を目指し、いかに読者の心を豊かにできるか――これが新聞の生命線ではないでしょうか。

SGI会長ご自身が、まさに命懸《が》けで素晴らしい文章を書いておられる。だから聖教新聞は読めば読むほど味が出る、力の湧く新聞なのだと思います。

（二〇一五年十二月十八日付掲載）

山口県

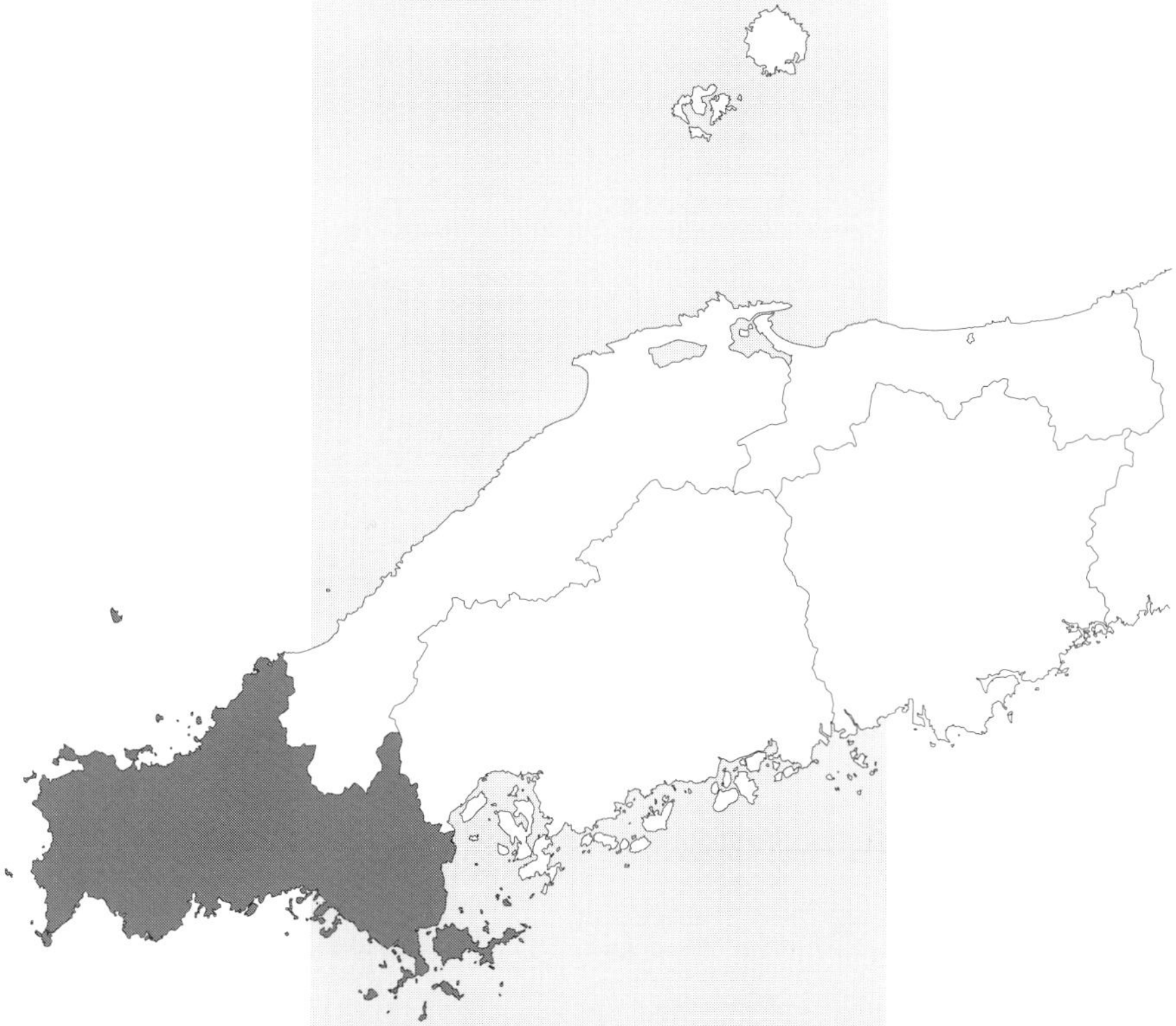

池田先生は信義を尽くす心の持ち主

三国志城博物館　館長　**谷　千寿子さん**

たに・ちずこ

山口県出身。1998年に「石城の里　三国志城」博物館をオープンし、館長を務めた。中国地方更生保護女性連盟理事、山口県同副会長などを歴任。2015年に逝去。

創価学会を知るようになったきっかけは、私が館長を務める三国志城《さんごくしじょう》博物館（山口県光市）の展示品を、東京富士美術館企画の「大三国志展」に出展したことに始まります。

展示に選んだのは、諸葛孔明《しょかつこうめい》が魏《ぎ》の司馬懿仲《しばいちゅう》達《たつ》と最後の決戦をする五丈原《ごじょうげん》の舞台。病の孔明が指揮車に乗っているジオラマ（立体模型）など十三点です。

東京富士美術館創立者の池田ＳＧＩ会長からは、詩集『人生の旅』と丁寧《ていねい》な礼状を頂きました。詩集は七百ページを超えていましたが、一晩で読み切りました。

ＳＧＩ会長のことは一九六八年、日中国交正常化提言を発表したテレビ報道で知っておりました。当時は冷戦下。中国との友好を叫ぶことは大変なこと。

その後も、博物館の展示品が掲載された聖教新聞を近所の学会員さんが持ってきてくださった折《おり》、種々懇談を。そのなかで、中国を〝大恩の国〟と言われ、中国と心を結ぶ交流を重ねられていることに大変、感銘《かんめい》しました。徹底して信義を尽くされる心と揺るがない信念をお持ちの立派な方だと心から思いました。

博物館には多くの若者が来ます。彼らは私が思っている以上に行動力があり、よく物事を知っています。若い人たちを信じることの大切さ。学会の人たちと語り合うなかで、強く感じました。

文化を愛する心は世界共通です。〝文化の力〟は、地味ですけれど、人の心を変えることができます。三国志について、ぜひ若い人と一緒に語り合いたいと思っています。

（二〇〇八年十月十七日付掲載）

創価学会は笑顔の団体　ご一緒にいると元気に！

山口留学生交流会　会長
古川綾子さん

ふるかわ・あやこ
山口県出身。山口県職員を経て、山口ユネスコ協会で活動を始め、その後、会長を務めた。1994年に山口留学生交流会を立ち上げ、山口市在住の留学生を支援し、会員相互の親睦と市民の国際交流に寄与している。

一九九四年に、山口市の学園都市構想の所産として、留学生交流会が誕生。図《はか》らずも会長をお引き受けすることになりました。

同会の設立当初から、創価学会の方々にご支援をいただいております。また、留学生との交流イベントでは、積極的に食事の準備やアトラクションのお手伝いを。多くの方々の支えに感謝いたしております。

留学生には、カトリックやイスラム教などを信じている人もおられ、皆さん、多様な文化を持っています。

しかし、お互いの文化には必ず共通項があり、通じ合うものがあります。彼らを通して、〝異文化交流こそが平和へのカギ〟だと実感します。また、違いを認め合うことが、人間としての幅を広げ、自身を成長させることにつながります。

その点、七千人以上の世界の識者と対話を重ねてこられた池田ＳＧＩ会長は、異文化交流のお役目も務めておられるのではないでしょうか。

「グラフＳＧＩ」を拝見するたびに、世界中を駆け巡ってこられたバイタリティーあふれる行動に、大変に感動します。

今まで、「自然との対話――池田大作写真展」や「創価の光彩展」など、さまざまな展示を鑑賞しました。どの展示も、深い哲学に裏打ちされているからでしょう、お言葉の一つ一つが胸に響《ひび》きます。

また、展示に携《たずさ》わる方たちをはじめ、皆さんの笑顔が素晴らしい！　創価学会は笑顔の団体であり、ご一緒にいると元気をいただきます！


（二〇〇九年一月十六日付掲載）

次代を担う青年に期待！

山口大学　名誉教授
中山清次 さん

なかやま・せいじ
1919年、山口県生まれ。京都大学農学博士。山口大学農学部教授、農学部長、山口女子大学学長などを歴任。地域農林経済学会の名誉会員。著書に「牛道を歩みて一和牛経営調査紀行」などがある。

人と人とが、宗教や哲学の壁を超え、互いを励まし、支え合うことのできる世の中にこそ、本当の教育があると感じてなりません。私は、この思いを青年に伝えるため、教育の道を歩んできました。

私が創価学会の名前を知ったのは、創価大学が開学して間もなくのこと。当時、山口大学の教授でした。その時の同僚が、創価大学に赴任することを熱弁するのです。「私学で、名前も聞いたことがない大学に、なぜ行くのか？」と疑問に思いました。その先生は見学に来たら分かる、と誘うんです。そこまで言うなら、どんな大学か自分の目で確かめてみようと思って（笑い）。キャンパスに行ってきました。

驚《おどろ》いたのは学生の目の輝き。大きな志《こころざし》を持った目だったことをよく覚えています。そして誰もが生き生きとして活気に満ちていました。あれからもう、四十年近くになるんですね。

私が山口女子大学の学長になってからも、多くの学会員さんとの出会いがありました。真面目《まじめ》でひたむきな姿。皆さんは本当に素晴らしい方ばかりで、いつも敬服しています。

これまで、池田ＳＧＩ会長が出席された山口記念文化祭や、各種会合に参加させていただきました。先月の青年部幹部会(中継行事)にも伺《うかが》いました。学会は常に青年の息吹《いぶき》にあふれています。

先日の「山口新聞」に掲載されたＳＧＩ会長の寄稿に、「時代は青年が創る。ゆえに青年を育てることから一切が始まる」とありました。まさにその通りだと共感します。ＳＧＩ会長は本当に青年を信じ、大切にしていらっしゃる。その心がひしひしと伝わってきます。

山口には吉田松陰《しょういん》先生をはじめ、教育者の先輩方が多くいます。私は、その先輩方に恥じぬよう「青年育成」を心掛けてきました。九十一歳になった今、次代を担《にな》う青年に対する期待は強くなっています。互いを励まし、支え合うことのできる世の中に――その実現を願ってやみません。学会青年部の皆さまの力強いリーダーシップに期待しています。

(二〇一〇年五月二十八日付掲載)

〝絆〟を大切にし続けてきた学会

山口県連合婦人会　会長　林　登季子さん

はやし・ときこ
山口県下関市出身。女性の教養を高め、豊かな地域の発展ならびに男女共同参画社会の構築を目指して寄与することを目的とし、1947年に「山口県連合婦人会」が発足。2009年から第9代会長を務める。

東日本大震災の報道に接するたびに、平素の「地域コミュニケーション」の重要さを痛感しています。大地震、津波、原発と大災害が重なり、これまでの価値観が通用しない非常時だからこそ、人と人との〝つながり〟〝絆《きずな》〟が大切なのだと。

それだけに、日ごろから創価学会の皆さんが地域で根を張って信頼を広げ続けているお姿に感銘《かんめい》を受けています。

「世界市民」の在り方を示した「シンク・グローバリー、アクト・ローカリー(地球規模で考え、地域で行動する)」。自《みずか》らの住む地域を大切にすることが日本を良くすることになり、最終的に世界全体にもつながっていくとの、この哲学が身に付いておられるのでしょう。特に、数十年来お付き合いしてきた中川貞代さん(下関戸田総県婦人部総主事）を見て、そう感じています。

創価学会との出合いは、そのまま中川さんとの出会いに始まります。私が結婚を機に広島から山口県下関市に来た時、中川さんは既に林家と交流を持たれていましたので、〝創価学会の方〟という特別な意識はありませんでしたし、中川さんのお姿がそのまま創価学会の姿と思ってまいりました。

これまで「21世紀環境展」や「世界の絵本展」など数多くの創価学会主催のイベントに参加してきました。池田SGI会長が撮影された写真も大変に素晴らしい。私自身も趣味で絵画に親しんでいますので、芸術文化を愛する心が世界平和へ寄与するものと感じています。また、どの催《もよお》しでも、青年役員が礼儀正しく、生き生きと応対される姿が印象的です。

私ども連合婦人会の活動におきましても、さまざまな境遇の方たちと出会います。こうしたお付き合いを通して「人のため、地域のために行動する」ことが自身をより大きく成長させてくれることを実感する日々です。

これからも、SGI会長のリーダーシップにより社会を担《にな》う優秀な人材を輩出されることを期待し、応援しています。

（二〇一一年四月二十二日付掲載）

女性が活躍する創価学会に期待

山口県男女共同参画会議　顧問
磯野恭子さん

約三十年前、私は放送局で、胎内被爆をテーマにしたドキュメンタリーを手掛けました。力強く生きる、その主人公の両親が学会員だったことが、創価学会との出合いです。

学会の皆さんは、平和活動に積極的に取り組んでおり、何よりも、一人一人が明るく、笑顔がいい。また、いつも元気な姿に、感心しています。

私は〝平和を願う女性の道を、どう開いていくか〟に自身の生涯を懸《か》けてきました。池田SGI会長は女性を信頼し、たたえ、光を当て、具体的に活躍する環境を整えてくださいました。

男女には違いがあります。しかし、違いがあるからこそ、混じり合うことで、立体的になり、強くなるのです。国際的に異文化と接すること

いその・やすこ
広島県出身。1959年にKRY山口放送に入社。79年に女性ジャーナリスト賞を受け、87年に常務取締役に。岩国市教育長などを歴任した。

も同じです。近しい人間関係も含めて、他者を受け入れる姿勢が人を育てるのだと思います。

相手を受け入れ、肯定し、励ます――ＳＧＩ会長は率先《そっせん》して多くの民族と交流し、世界平和の砦《とりで》に。それに続く皆さんも、他者に関わっていこうとの姿勢に満ちあふれています。

私は二〇一〇年まで、岩国市の教育長を六年間、務めました。ジャーナリストの経験則から、とにかく学校を一校ずつ回り、教育現場を自分の目で確かめることから始めました。

現場で感じ、考え、課題を書き出しては、先生方との対話を重ね、一つ一つ改革していきました。

子どもたちは教育によって、いくらでも変わります。競争を的確に与えていくなかで、成長の喜びを感じ、自分に負けない力を養っていきます。

さらに思いやりや、他者のために何ができるのかを問う教育を、と心掛けてきました。

ＳＧＩ会長は、写真や詩を通して「自然を大切にする思い」を、そして「母親へ感謝の気持ち」を持つことを、繰り返し訴えられています。それは、人間の根本を教育し、改革する指導です。だからこそ、志《こころざし》を持った創価の青年が多く育っているのだと思います。そういう青年たちが次代を担《にな》うリーダーとなって、さらなる未来を開いていくことを心から期待します。

（二〇一一年六月二十四日付掲載）

聖教愛読四十年 感動の記事が満載

山口県自治会連合会　会長
小田敏雄さん

聖教新聞を購読し始めて、はや四十年になります。まず、コンパクトにまとめられて、とても読みやすい。大学を出ていない私は毎日、聖教新聞で勉強させてもらい、切り抜きを貼ったノートは十冊を超えています。

感動した文章には線を引き、地域の会合でスピーチする時に、よく引用しています。

地域の学会員さんとも、仲良くさせていただき、座談会にもよく参加しています。会員ではない私が行っても、皆さん、優しく声を掛けてくださり、すぐに打ち解けることができました。

赤裸々《せきらら》に体験を語りながら、前向きに生きようと決意し、励まし合っている姿に、いつも元気をもらっています。こんなコミュニティー（共同体）の場は、他にはありません。

私が働きながら地域の自治会長を務めるよ

おだ・としお

1926年、山口県生まれ。周南市徳山自治会連合会や同市徳山コミュニティ推進連絡協議会の会長を歴任。また、防災コーディネーターとして活躍している。

うになったのも四十年前。次第に地域の絆《きずな》が薄れているのが実情です。それは何より、対話による心の交流が減っているからだと思います。その結果、〝自分さえよければ〟と思ってしまうものです。

そのなか、千六百回を超える世界の識者との対話を重ねておられる池田ＳＧＩ会長は、まさに〝対話の名人〟です。三百二十を超える名誉学術称号はその一つの証左《しょうさ》であり、必ずお互いに分かり合えるということを証明しています。

私自身、地域を良くしようと長年、行動してきて、人間関係に悩んだこともしばしばです。それでも、自分から声を掛け続け、そして聞くことに徹するなかで、お互いに歩み寄っていけたように思います。

私は、ＳＧＩ会長の次の言葉が大好きです。「平和は『地域』から始まる。『地域』こそ『世界』を変えゆく現場である」

その地域を変える最善の方法が粘り強い対話だと思います。これからも、創価学会の皆さんとともどもに、より良い地域をつくっていきたいと思います。

（二〇一二年四月二十日付掲載）

たたえ合い、感謝する心に共感

宇部ボランティア連絡協議会　会長
平岡弘子さん

ひらおか・ひろこ
山口県出身。2002年に宇部ボランティア連絡協議会会長に就任。宇部市社会福祉協議会評議委員、宇部観光コンベンション協会理事などを務める。

私どもの協議会は、五十五の福祉・地域活動ボランティア団体や各福祉施設等で構成されており、約九千八百人の方が所属。地域福祉の向上や各団体の連携を深めるために、研修や情報提供に取り組んでいます。

ボランティアの本質は、相手を輝かせ、自分自身も輝くためのものです。また、お互いに、「させていただく」「していただく」という「相互感謝」の関係だと思っています。

また、褒《ほ》め合うことが非常に大切です。ある夫婦の話ですが、最初にご主人に会った時は、〝パッとしない人だな〟と思ったんです。しかし、奥さんと話した時に、ご主人のことをとても褒めていたんです。話を聞いていると次第に、ご主人も、奥さんも、とてもすてきな人だなと思えてきました。さらに、そこの幼いお子さんが、私にニコリとほほ笑みながら、お辞《じ》儀《ぎ》をして「この前は、ありがとうございました」と一言。たたえ合う、この両親あっての、この子なんだと感動しました。

　創価学会の皆さんとも、長年、接してきたなかで、そのような「たたえ合う心」「感謝の心」があふれていると感じています。

　また、私は市の「ふるさとコンパニオン」もしています。宇部市の歴史を伝えながら、子どもたちをはじめ、皆さんに、〝市民である誇り〟を持ってもらえればと、活動しています。

　この点に関しても、学会の皆さんは素晴らしいと思います。「21世紀環境展」や「農漁村ルネサンス体験主張大会」にも参加させていただき、共感しました。わが地域に誇りと責任を強く持ち、献身的に行動されております。さらに、ご自身の信念、宗教に誇りを持っておられる。とてもすてきだなと実感しています。

　これからも良い地域、日本をつくっていくために、ともどもに頑張っていきましょう。

（二〇一二年七月十三日付掲載）

地域文化の復興を共に

下関市文化協会　会長
野村忠司 さん

山口・下関市文化協会の会長をしています。五年前から毎年、市の「芸術文化祭」を開催し、市民の方に幅広く文化に触れていただくために活動しています。

私が創価学会を深く知ったのは、十五年以上前のこと。同じ町内に住む壮年の方と出会ってからでした。夏祭りや地域行事の運営に、率先《そっせん》して取り組む姿勢に親近感を覚えました。

私は詩の作成を手掛けており、校歌の作成や詩の寄稿などに携《たずさ》わっています。ですので日ごろ、印象深い詩の一節などは、手帳に書き写しています。そのなかに、池田ＳＧＩ会長が執筆された詩もあります。

ＳＧＩ会長の温かな詩には、学会の基本的な理念が凝縮《ぎょうしゅく》されていると感じます。なぜなら学会員さん一人一人の振る舞いを通して、詩に表

のむら・ただし
1937年、山口県出身。市立下関図書館の館長を経て、現在、下関市文化協会会長、山口県文化連盟会長、郷土の文化財を守る会理事などを務める。

現される誠実さや愛情が伝わってくるからです。

一九九五年に「世界詩歌《しいか》協会」が初めて決定した「世界桂冠詩人」賞がSGI会長に授与されたことも伺《うかが》いました。詩を通じて、庶民に勇気と希望を送ってきたからこそ心を打つのだと感じます。

二〇一〇年には、下関市で開催された「21世紀環境展」に参加させていただきました。民音公演も数多く鑑賞しましたが、いずれも素晴らしい公演で感動の連続です。さらに、熱心に鑑賞される観客・聴衆の姿勢が、素晴らしいと思います。

こうして、平和・文化・教育を根本理念に、多角的な運動をしておられる学会に深く賛同します。地域文化の復興を目指す我々は〝文化を庶民の手に〟との思いで活動する学会と、共通する部分が多いと思います。

以前から韓国・釜山《プサン》広域市と下関市は姉妹都市として、協定を結んでいます。茶道・声楽・民《みん》謡《よう》などを通じ、異文化交流を図《はか》っています。

現代は日本と近隣諸国との間で暗いニュースが相次いでいますが、文化を通じた交流は必ず受け入れられると確信します。今後も、文化交流に寄与する学会のさらなる発展に期待しています。

（二〇一二年十二月十四日付掲載）

名もなき女性が未来を創る

弥生会　会長　**二宮信子** さん

にのみや・のぶこ

山口県出身。元岩国市女性団体連絡協議会会長。現在は、山口県行政相談委員協議会会長、同県歌人協会理事、「錦帯橋を世界文化遺産に推す会」監事などを務める。

「岩国の明るい未来を創る」との理念で二〇〇八年三月に発足したのが弥生会です。

そこで出会った創価学会の女性の方と親交を深めるなかで、当会と創価学会との共通点に気が付きました。

まず、草の根のボランティア活動をしていることです。

私たちは小児救急医療の負担を減らすため、休日夜間の子どもの急病にどう対処するか相談できる「小児救急電話相談」の短縮番号「＃８０００」をマグネットシートにして、家庭に提供しています。

また、安全・安心な町づくりのためにバザーや募金活動を行い、各団体に収益金の一部を寄付したり、自動体外式除細動器（ＡＥＤ）を寄贈しています。

創価学会も三十万台のラジオを集めてカンボジアに寄贈するなど、さまざまな平和活動をされていらっしゃいますね。理念を行動に移す「実行力」があります。

また、私たちの会員は三十代から七十代までの幅広い年齢層の女性で構成されています。地位も肩書もない女性ばかりですが、純粋で向上心があります。

今は、電力供給についてセミナーを開催したり、救急救命法を学ぶ勉強会を行ったりしています。

私はこれまで「21世紀環境展」や民音の公演にたびたび参加するなかで、多くの女性が知識や教養を深めていることを知りました。

見識を高め、「人間力」を磨くからこそ正しいものを正しいと見定めていける。こうした〝真の教養〟を備えた女性が創価学会には、数多くいらっしゃいますね。

私は短歌の創作が好きなのですが、「常なるが／平凡なるが／好きという／母の言葉の／ふいに恋しも」と詠んだことがあります。

〝名もなき女性の「実行力」と「人間力」が未来を創る〟――ここに、お互いの共通点があると確信します。

（二〇一三年四月十二日付掲載）

〝女性の力〟光る創価学会に期待

下関市社会福祉事業団　理事長

濱本笙子さん

はまもと・しょうこ
山口県下関市生まれ。社会福祉法人・下関市社会福祉事業団理事長。事業団の経営を統括している。

約十五年前、下関市の児童福祉課に勤めていた時、保育園の園長と出会ったことが創価学会を知ったきっかけです。

福祉関係の仕事を長年していますので、宗教で人を差別視はしません。もちろん学会に偏見《へんけん》はありませんが、関心もありませんでした（笑い）。

二〇〇六年に「日本女性会議」の全国大会を下関市で開催することになり、実行委員長として運営を担当しました。これは女性の地位向上、男女共同参画《さんかく》を図《はか》るのが目的です。その三年前から活動を開始し、多くの学会員に出会いました。

ある日、講演を開催するために打ち合わせを進めると、「講師はこんな方が適任ですよ」など、人脈を駆使して、さまざまな提案を。学会の皆さんは精力的に、地域に貢献しようという熱意が伝わってくるのです。

当時、日本女性会議のスローガンを「Ｗｅ ａｒｅ～わからないから信じあう。知らないから支えあう」と掲げました。人の幸福を願わない人はいません。この信念が助け合いの第一歩ですし、世界につながっていく思想だと考えます。

学会には同じ思想を持っている方が多いと実感しています。同会議は過去にない四千人という多くの参加者が集い、大成功を収めることができました。

三年前、『池田大作　名言100選』を読みました。そのなかに〝女性の力〟を強調されている箇所を見つけました。〝学会の思想の淵源はこれだ！　この思想があるから女性が元気に活動しているんだ〟と感じました。

二〇一〇年に開催された「21世紀環境展」、一一年には「平和の文化と女性展」に招待されました。また、福岡で北京《ペキン》・故宮《こきゅう》博物院展も鑑賞。国家一級文物《ぶんぶつ》を含む秘宝の多さに圧倒。恐らく、日本国内で鑑賞できるのは珍しいことでしょう。素晴らしい展示品に感動の連続でした。

女性の活躍が世界を変える――もちろん男性を否定するわけではありません。しかし、生活者としての視点は女性の方が、一段と強く考えておられるのではないでしょうか。

今後とも、女性の活躍が光る学会の、地域に根差した運動に期待しています。

（二〇一三年十一月八日付掲載）

文化を大切にする心に共感

公益財団法人
吉川報效会　常務理事
原田俊一さん

はらだ・しゅんいち
1932年、宮崎県生まれ。元・山口県教育委員長。岩国の明るい未来を創る会会長、NPO法人宇野千代生家理事長などを務める。

吉川報效会は、岩国藩主・吉川《きっかわ》家の歴史や美術工芸品を後世に伝えるため、吉川史料館を運営しています。

一九五六年、山陽パルプ（現・日本製紙）に入社し、岩国工場に配属。木材調達の部署におりましたので、岩国の自然に触れながら仕事をしました。

その後、転勤や海外出張を経験しましたが、岩国ほど風光明媚《ふうこうめいび》な所はないと思い、〝ついのすみか〟と決め、住みよい町づくりのための活動をしています。そのなかで多くの学会員と出会い、大きく三つの印象を持ちました。

一点目は「頼もしい存在」。創価の思想を胸に抱いて、それを真摯《しんし》に社会のなかで表現しようとされている。その強い使命感と熱心な生きざまは頼もしく、とても励まされてきました。

この姿勢をいつまでも貫《つらぬ》いてほしいと思います。

二点目は「世の中の正しい流れをつくっている」。学会には、正しいことは正しいと言い切る力強さがあります。環境問題を訴える展示など、地道ですが着実に平和・文化・教育運動を展開しておられる。日本社会において重要な役割を担《にな》う存在だと認識しています。

三点目は「文化に理解がある」。二〇一二年、岩国文化会館の開館式に出席。名前に〝文化〟とあるのが素晴らしい。人間の心を豊かにするのは文化です。映像で見ましたが、八四年の「山口記念文化祭」にも感動しました。文化を大切にされる心に共感します。

池田SGI会長の写真展を鑑賞したことがありますが、自然や文化を敬愛する心が、写真を通して伝わってくるようでした。私は、その心が平和な世の中をつくるのだと確信します。平和の開道者として、ますますのご活躍を期待しています。

（二〇一四年三月二十一日付掲載）

青年に草《そう》莽《もう》崛《くっ》起《き》の魂を見た

山口県立美術館　館長
二井関成さん

創価学会の行事に初めて参加したのは、一九九七年、新装された山口文化会館での「自然との対話――池田大作写真展」です。

とても緊張していたのですが、玄関で迎えていただいた女性の皆さんのすがすがしい振る舞いに大感動！　心が洗われるような思いになったことを、昨日のことのように覚えています。

にい・せきなり
1943年、山口県美祢市生まれ。山口県知事を96年から4期16年務めた。現在、山口県立美術館と山口県立萩美術館・浦上記念館の館長を務める。

さらに思い起こすのは、二〇一一年の「創価青年大会」。あの青年の熱演に、これまでにない高揚感を覚えました。体が熱くなりました。

それは、なぜか。来賓《らいひん》あいさつで、私は吉田松陰《しょういん》先生と高杉晋作の創作劇のなかで使われた「草莽崛起《そうもうくっき》（民衆の決起）」という言葉を引用しました。皆さん一人一人が地域・社会のために自《みず》ら考え、自ら行動する――その思いが学会のなかに柱として存在するのを感じ、大変に心強く思ったからです。

二〇一四年四月からは県立美術館等の館長に。以前から私は、芸術文化は心を豊かにする〝栄養剤〟だと呼び掛けてきました。しかし、今もって私自身が〝栄養剤〟を飲み足りないと痛感しています。池田SGI会長が東京富士美術館や民主音楽協会を創立し、芸術文化の振興に長年にわたって、尽力されていることがどれほど大変なことか……。

世界各地で紛争が起き、極めて不安定な状況が続いています。今ほど、創価学会の「平和・文化・教育」の理念が求められている時は、ないのではないでしょうか。

その先見性に深く敬意を表します。その理念が日本はもとより、世界中に浸透していくことを期待しています。

（二〇一四年十月十七日付掲載）

共に〝生涯青春〟の心意気で

山口県歯科医師会　会長

右田信行さん

みぎた・のぶゆき

1944年、大分県生まれ。九州歯科大学卒業。歯学博士。日本歯科医師会・代議員会の議長を歴任。現在、日本歯科医師連盟の副会長も務める。

一九七七年、縁《えん》あって九州出身の私が、山口県防府《ほうふ》市に右田歯科医院を開業。当時から、医院周辺には多くの学会の方が住んでいました。また、治療で来られる患者さんのなかにも、学会の方がいました。

次第に親しくなり、「グラフＳＧＩ」を医院に置いてほしいと、頼まれることもありました。なかを開いて見ると、きれいな写真の数々に感動。今では教育雑誌「灯台」と一緒に、待合室の雑誌棚に置いてあります。

二〇一〇年に防府市で開催された、「平和への大道展」に来賓《らいひん》として参加しました。展示を観賞して、池田ＳＧＩ会長が世界中の識者と千六百回を超す語らいを、続けてこられたことに驚《おどろ》きました。また、役員の青年も爽《さわ》やかで応対が素晴らしかったことを、今でも鮮明に記憶しています。

以前、学会の方から「信心に定年はないんですよ」と伺《うかが》ったことがあります。〝生涯青春〟の心意気で活動されている姿は、非常に頼もしい。私は個人の幸福だけではなく、社会の繁栄《はんえい》を願って行動するところに、元気の源があると思います。

どちらかというと一般的な宗教は、自分や家庭の幸福だけを願ってかなえば良い、という世界です。しかし、学会は違う。心から地域、社会の発展まで祈って、行動している。これこそ日蓮大聖人の「立正安国《りっしょうあんこく》」の精神が、学会員一人一人に体現されている姿ではないかと思います。

これからも、世界宗教へと飛躍し、地域の発展に尽力する学会の運動に、大いに期待をしています。

（二〇一五年一月三十日付掲載）

青年こそ地域活性の主役に

全国郷土紙連合　会長
宇部日報社　代表取締役社長
脇　和也さん

わき・かずや
1952年生まれ。山口県出身。75年、宇部時報社入社。2004年にウベニチ新聞社と合併して宇部日報社に。09年から代表取締役社長を務める。

二〇一四年三月、全国郷土紙連合の会長就任にあたり、創価学会の総本部へあいさつに行った際、道に迷いましてね。その時、学会の役員の方が声を掛けてくれ、親切に案内を。また館内でも、受付の方の誠実な対応に、心から感銘《かんめい》しました。

私が学会を知ったのは二十年ぐらい前のこと。職場で私の机の前にいた先輩が学会員でした。もう定年退職されましたが、真面目《まじめ》で、とても尊敬していました。ある時、その先輩から聖教新聞の連載コラム「名字の言」の選集本をもらいました。すぐに読破。私は弊紙の社説「無辺」を毎日、書き続けて三十年になりますが、今でも刺激になっています。

二〇一〇年四月、弊紙に池田SGI会長から特別寄稿を頂き、掲載する機会がありました。

このなかでSGI会長は、宇部市発展の礎《いしずえ》を築いた渡邊祐策《すけさく》翁のこと、そして「宇部方式」と呼ばれる地域一体の環境保全活動について、紹介してくださったのです。的確に取り上げていただき、本当に感動しました。

さらにSGI会長は、吉田松陰《しょういん》先生を通して教育の重要性、なかんずく師弟についても言及を。「師弟は人を強くする」「師弟というと、古い印象を受ける方もいるかもしれない。しかし、人格は人格の触発によって育《はぐく》まれる」と。その通りだと思います。学会の皆さんには、池田SGI会長という人生の師匠がいらっしゃる。良き師を持ったればこそ、自身を高め、人生を幸福の軌道へと導いていくことができるのだと思います。

また、SGI会長は「教育のための社会」の実現を訴えておられる。子どもの幸福のために、地域社会が子どもとの結び付きを回復させることで、ふるさとに誇りを持ち、地域活性の原動力となり、青年が育つと、私も確信しています。

青年の皆さんは、地域で思いやりの心を、いかんなく発揮してください。皆さんが地域を盛り上げる主役です！

（二〇一五年七月三日付掲載）

創価の対話運動に期待！

山口県行政書士会　会長
杉山久美子さん

すぎやま・くみこ
山口県出身。日本行政書士会連合会理事。2013年から県行政書士会会長を務める。

私は、学会の皆さんと昔から関わりがありました。幼少のころ、近所に住んでいた方が学会員で、下関に引っ越された後も、折《おり》あるごとに訪ねてこられ、つながりをすごく大切にされる方だと感じました。また、大学のハンドボール部の先輩が学会員で、とても面倒見がよく、チームメートから信頼が厚い人でした。

二〇一五年、池田ＳＧＩ会長の〝ＳＧＩ提言〟を、初めて読ませていただきました。人間愛に裏打ちされ、地球を、世界を多角的な視点で洞察した内容に圧倒されました。なかでも、〝対話〟を重要視されていることに深く共感しました。

実は対話をテーマに同年、山口県行政書士会で「行政書士ＡＤＲセンターやまぐち」を開設。ＡＤＲ（裁判外紛争解決手続）とは、民間で行う紛争の調停のことで、当事者双方が同席し、話し合いで問題を解決するしくみです。対話を通して、それぞれが思いや立場をお互いに理解し合えれば、今までとは違った角度で問題を見ることができるようになると考えています。

七月には、広島で行われた「世界青年平和音楽祭」に参加。青年八千人の大迫力の合唱に大感動しました！　あふれる情熱と躍動感。そして、断じて核兵器廃絶をするとの思いが、ひしひしと伝わってきました。

また、青年の誓いで、いじめの体験を話された女性のお母さんの振る舞いがとてもすてきだと感じました。「いじめた相手のことも祈るのよ」と言える母がこの世界に何人いるのかと。自分のことだけでなく、周りの人の幸せを願って行動していく生き方に、深く感動しました。

音楽祭を通し、ＳＧＩ会長が青年を大切にされていることがよく分かりました。平和への思いを若い力で、もっともっと世界に広げていかれることを強く念願します。

（二〇一五年九月十一日付掲載）

池田先生は国家的な親善大使

㈱太陽家具百貨店
代表取締役会長
川崎敦將さん

かわさき・あつまさ
1926年生まれ。47年、山口県宇部市に太陽家具製作所（当時）を創業。今日まで全国家具連盟会の会長を17年間務め、世界40余りの国々へ視察をするなど貢献している。

四十年以上も前のことでしょうか。弊社に創価学会の女子部で頑張っている社員がいました。受付業務などを担当していて、とても仕事が速く、優しくて気配りのできる人でした。定時後、学会の会合があるからと、はつらつと退社していく姿をよく見ました。結婚を機に皆に惜しまれながら退職。会社に長くいてほしい人材でした。

彼女を含め、これまで多くの学会員さんを見てきましたが、皆さん、本当に一生懸命《けんめい》で真《ま》面目《じめ》な人ばかり。荒れた子どもを預けたら、皆、更生するのではないでしょうか。

約五十年かけて、私財を投じて絵画や工芸品、陶器などを収集してきました。二〇一五年十月、その約三百点を鑑賞できる美術館を開設。お世話になった街への恩返しの思いで建てました。先日、ある作品をテレビ番組で鑑定してもらったら、一千万円を超える金額にビックリ。全て、市民の皆さんにご覧になっていただきたい。芸術は、心を豊かにしてくれると確信しています。

その思いから、私は池田先生が創立された民主音楽協会の公演に毎回、参加しています。〇二年に行われた「創価学会特別記念展」や「自然との対話――池田大作写真展」、〇五年の「世界の書籍展」も鑑賞しました。その時、池田先生から大きな写真を頂きまして、大感動しました。今も、本社の応接室に掲げております。

展示を見て思うのは、池田先生は国家的な親善大使であるということ。いや、それ以上でしょう。三百六十を超える名誉学術称号は、その証左《しょうさ》に他なりません。創価学会の取り組みを、そして池田先生の活躍を、もっともっと評価してもいいのではないでしょうか。

私は会社の創業者として、また九十年生きてきて、人材育成が〝会社の命〟だと痛感しています。各分野で人材を輩出している学会の存在が、今後さらに重要になることは間違いありません。

（二〇一六年四月一日付掲載）

鳥取県

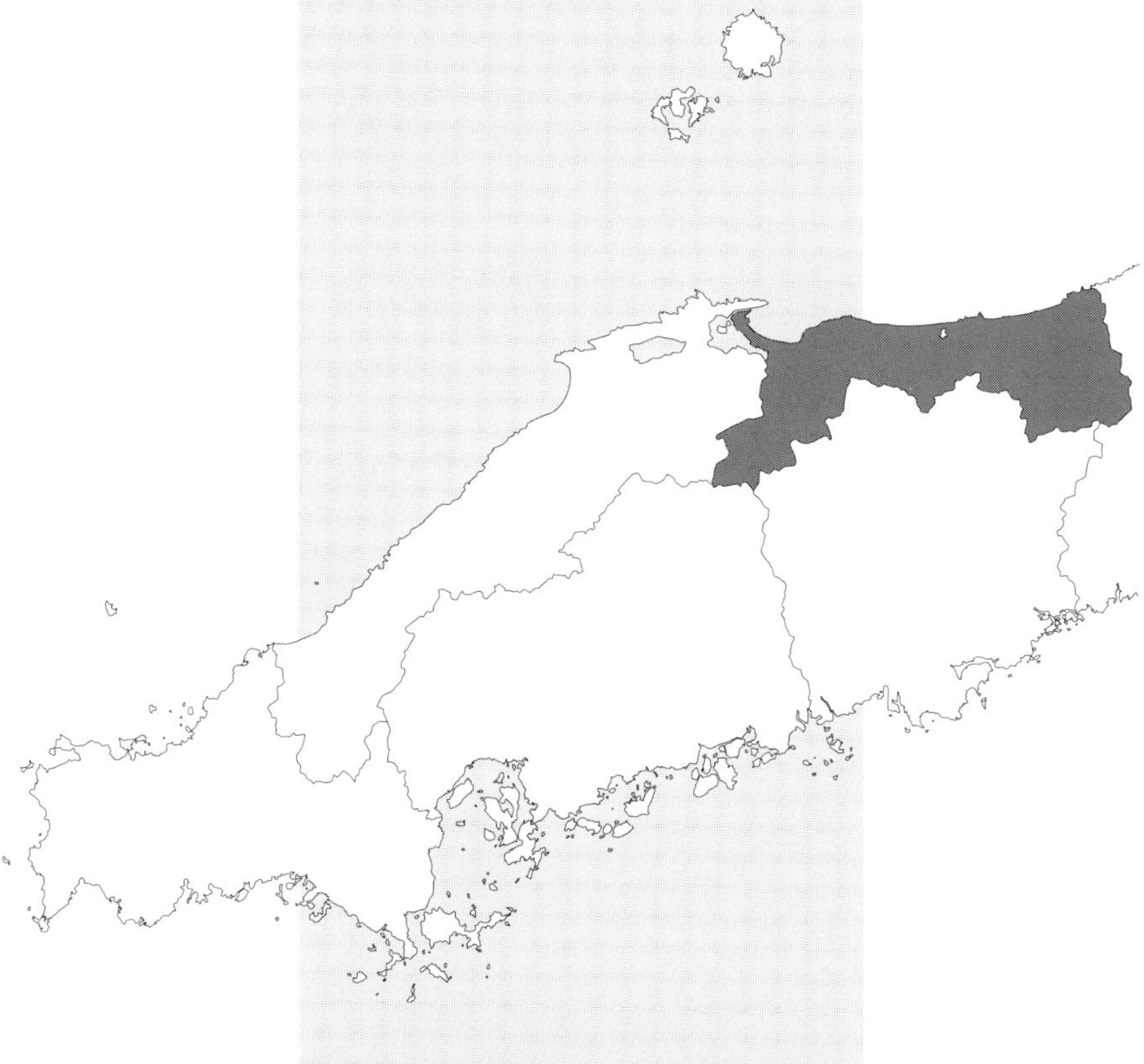

若者への〝魂の継承〟に感動

元鳥取県知事　西尾邑次さん

にしお・ゆうじ
1921年、鳥取県出身。東京高等農林学校（現東京農工大学）を卒業後に鳥取県庁に入庁。企画部長や副知事を歴任し、83年鳥取県知事に就任。2013年に逝去。

私が鳥取県知事になって二年目の一九八四年五月、創価学会の「鳥取青年平和文化祭」に参加しました。

若い人たちが、自分の可能性を発揮し、皆で協力して一つのものごとを成し遂げていく姿。本当に感動的でした。

あいさつ原稿は用意してあったのですが、私はそれを使わず、その時の感動を素直に話させていただきました。

原稿は事前に、マスコミの記者にも渡されていましたから「知事が違うことを話し始めた」と、慌てさせてしまったようです（笑い）。

池田SGI会長も「普通の知事とは違う」という内容のことを言われたと伺《うかが》っています。

それから創価学会の方々と親しくさせていただくようになりました。

私自身は、曹洞宗《そうとうしゅう》の檀家《だんか》総代《そうだい》ですが、個人として、大切な友好を結ばせていただいています。熊谷さん（中国総合長）から「一緒に参加しませんか？」と誘われて、鳥取文化会館での新年勤行会にも出席するようになりました。

皆さん、お子さんや、お孫さんと一緒に、ご家族で参加しておられる。若い人が多い。とてもいい雰囲気《ふんいき》で、世代を超えて、心や精神といったものを伝えていく機会になっている。素晴らしいことです。

いいものは残し、そうでないものは変えていく。創価学会では、次の世代への、〝魂《たましい》の継承〟が確実に行われていますね。

ＳＧＩ会長ほど、世界的な広がりで、人格を認められている方は、他にいないと思います。

その後を継ぐ、若い人たちの責任は大きい。

だからこそ、その魂をしっかりと受け止め、社会のなかで、どんどん活躍していただきたい。期待しています。

（二〇〇八年六月十三日付掲載）

創価学会の潜在力に期待しています

境港商工会議所　名誉会頭
足立統一郎さん

現在、東日本大震災もあり、日本全体に雲がかかったような、光が見えにくい状況になっています。

そうしたなかで先日、境港市で開催された「自然との対話——池田大作写真展」を鑑賞して、純粋な心で撮られた作品に、すがすがしさを感じました。心が洗われました。六千人以上の来場者があったと聞き、私は当然だと思いました。

こうした、閉塞感《へいそく》を打破するような、心の変化のきっかけとなる取り組みを、創価学会の方々が率先《そっせん》して行っていただくことを願っています。

これまでも、さまざまな機会を通して、学会、池田SGI会長の行動を見せていただいてきました。

私は、リーダーというものは、何よりもまず

あだち・とういちろう
1941年、鳥取県境港市生まれ。中海カナダ協会会長、環日本海経済活動促進協議会会長などを歴任した。

哲学や倫理観がないとダメだと思っています。すべからく経世済民《けいせいさいみん》(世を治め、民を救う)でなければならない。

その点で、SGI会長が、歴史家であるトインビー博士や経済学者のガルブレイス博士など、数々の世界の識者と、心をぶつけ合うような対談を積み重ねてこられたことは、本当にすごいことです。SGI会長が持つ、総合的な人間力の偉大さを感じます。

それらの対談集は、学会という一団体のリーダーという存在を超えて、人間と人間のぶつかり合いが結実した素晴らしいものです。これからの時代、人間の総合力を養うために学ぶ教材として、ますます大切になると思います。

SGI会長が過ごしてこられた幾多の風雪。それがあるからこその人間力だと感じます。

これからの若者にも、苦難を避けずに挑んでいくチャレンジ精神を大事にしてもらいたい。今回の大震災も、より良い日本へと進むチャンスへと変えていってもらいたい。

学会の皆さんには、社会のなかで、さらなる貢献を期待しています。私は、まだまだその潜在力が十二分にあると思っています。

(二〇一一年八月五日付掲載)

命を培う〝農〟と〝創価学会〟の共通性

JA鳥取中央　名誉理事相談役
坂根國之さん

さかね・くにゆき
1940年、鳥取県倉吉市生まれ。76年、旧倉吉市農協の理事に。その後、JA鳥取中央組合長、JA鳥取県中央会会長、全国農協観光協会会長理事、農協観光代表取締役会長などを歴任した。

「農業」と「創価学会」には大きな共通点がある――JA鳥取県中央会会長などを歴任し、農業の振興に尽くしてきた私は、こう感じているんです。

これまで、「農漁村ルネサンス体験主張大会」に来賓《らいひん》として参加してきました。

今月にも鳥取北条会館で開催されるので、喜んで参加させていただきます。

目を見張るのは、どの登壇者の方々も「愛する〝ふるさと〟のために」と、喜々として地域営《えい》農《のう》に貢献されていることです。

艱難辛苦《かんなんしんく》に耐え、収穫を待つ農業従事者の心には、自然への感謝と畏敬《いけい》の念があります。

戦後の高度成長期、農業の構造改革が実施され、失われていった〝郷土愛〟。そして、単なる「お金」至上主義のなかに埋没してしまった〝共生の心〟。それらを「わが地域に取り戻そう」と奮闘されているのが、学会員の方々ですね。

しかも、創価学会は、若い方が頑張っていらっしゃる。

輸入自由化、燃料高騰《こうとう》などの課題が山積する現代農業にあって、従事者の高齢化への懸念《けねん》が叫ばれ続けています。

農作物は、国民の食を支える「命」です。この「命を継ぐ」者を育てることが未来を開く活力になります。

だからこそＪＡでは、営農指導員が農業の担《にな》い手へ「技術・経営の育成」をしていますが、「心の育成」を担う学会の役割は大きいと思います。

もうすぐ東日本大震災から一年がたちます。友人から勧められた聖教新聞のページを開くと、かつて農村社会にあった〝助け合いのネットワーク〟を垣間《かいま》見ることができます。

恵みをもたらす自然が、努力の結実を一夜にして奪ってしまう峻厳《しゅんげん》さは、痛いほど分かります。そのなかで、「〝命〟を培う」という互いの存在意義は、いや増して大きくなることでしょう。

（二〇一二年二月十日付掲載）

創価学会は〝差異〟を乗り越える宗教

米子国際交流協会　事務局長
川端恵美子さん

かわばた・えみこ
鳥取県出身。1990年から米子市とその周辺に在住する外国人の滞在を支援する「米子国際交流協会」で活動する。2013年に第2回米子市文化奨励賞選考委員会委員を務める。

十五年前の出会いが、創価学会を知るきっかけでした。「私、ソウカガッカイに入ってるの」――カナダから訪日した英語教師の女性が喜々として私に語るのです。仏教を実践し、前向きに生きる彼女の姿に大変に感銘《かんめい》しました。

私は英語教室を経営する傍《かたわ》ら、鳥取県米子市で暮らす留学生や海外の方への生活支援、異文化交流を行っています。

異なる宗教や価値観を持つ外国人。異国の生活に孤独感が募《つの》ることも。それで私たちは「国際井戸端会議」などを行い、語り合うなかで友好を広げます。

ＳＧＩのメンバーも来ますよ。中近東出身のじゅうたん売りの青年は「私たちもザダンカイ（座談会）をやるよ。いつも一人じゃないって思うんだ」と。冒頭に触れた彼女も「皆が否定せず受け入れてくれるの」と語るのです。

個人の救済という観点になりがちな欧米的哲学ではなく、他者の問題を解決し〝共生〟を目指す学会の哲学。創価学会が海外で受け入れられ、百九十二カ国・地域に広がった理由も、ここにあると思いました。

私は海外を訪れることもありますが、女性や子どもが安心して暮らせる社会かどうかが、国の幸福度を示す一端であると感じます。

その意味で「グラフＳＧＩ」をはじめ、学会の書物で、池田ＳＧＩ会長が「女性を大切に」と強調されており、とても共感しました。

わが協会では、料理教室を開き、母国の郷土料理を披露《ひろう》し合います。食文化を通して、その国を理解するのです。

「勇気の証言――アンネ・フランクとホロコースト」展、「世界の絵本展」などの展示に参加し、多様な文化を紹介する学会の活動も知りました。

偏見《へんけん》は無知から始まります。互いの思想や文化を知ることで、理解し合うことができます。創価学会はあらゆる〝差異〟に橋を懸《か》ける大きな役割を担《にな》っていらっしゃいますね。

（二〇一二年四月二十日付掲載）

〝自然との共生〟を目指す行動

鳥取大学　名誉教授
赤木三郎さん

あかぎ・さぶろう
1932年、広島県生まれ。鳥取大学の教授として地質学、古生物学を専攻し、中国地方の新第三紀層の地史と化石の研究を進めた。砂丘や湖・山・池など山陰海岸の第四紀学的な研究にも従事。放送大学鳥取学習センター初代所長。2014年逝去。

創価学会青年部の有志でつくられた「山光砂丘研究会」の方が、私のところに来られたのは、一九九一年のこと。当時、私は鳥取砂丘保全協議会の会長。鳥取砂丘の草原化が問題となっていながら、国立公園であることや、生態系の破壊につながるなどの理由で、植物の除去作業の許可が下りない状況でした。

そうした時に、「鳥取砂丘を守りたいんです」という若者を前にして、本当にうれしく、心強く思いました。

〝砂丘に対する認識が広がり、深まってほしい〟との思いから、「持っている資料なら、何でも使ってください」と約束しました。私の専門である地質関係だけでなく、植物の専門家の協力もいただき、資料を提供しました。

「山光砂丘研究会」の取り組みは多岐《たき》にわた

り、鳥取砂丘の将来像を問いかける意識調査をはじめ、砂丘を題材にした文学・芸術作品の展示会や、「ＳＡＮＤ　ＮＥＷ　ＡＧＥ（砂丘・新時代）」と題した大学校を開催。「砂丘探検隊」として、ゴミの実態調査を実施するなど、真剣な取り組みを続けてこられました。

今でこそ「山陰海岸ジオパーク」として認定され、保護・活用することが当然のように思われていますが、二十年前は、農地にする案が取り沙汰《ざた》されるような状況でした。

そのなかで、いち早く具体的な保護活動を展開された学会の皆さんの存在は、非常に大きいものです。

また一九九一年に池田ＳＧＩ会長が来県された折《おり》に、中国各県の代表者会議で、鳥取砂丘とホタル、コハクチョウの保護を通して、人間と自然との共生を提言されたことを伺《うかが》いました。先見性に富み、本当に素晴らしいことです。

何事もそうですが、取り組みを次代へ、どう引き継いでいくかが大切です。学会青年部の皆さんに期待しています。

（二〇一二年十一月十六日付掲載）

信念を持つ生き方に共感します

鳥取県人権問題講師団　講師
（元・長島と鳥取を結ぶ会　代表）
荒井玲子さん

あらい・れいこ
福島県生まれ。2002年、「長島と鳥取を結ぶ会」を結成。12年、鳥取県教育功労賞を受賞している。

現在、鳥取県内の小・中学校、高校での人権学習や、PTAや企業が主催する人権研修などの講師をさせていただいています。

かつて、「国立多摩研究所（現・国立感染症研究所ハンセン病研究センター）」に勤務することになった夫が、研究所の図書館から『白描《はくびょう》』（明石海人著）という本を借りてきました。消毒によって茶色く変色したその本が、私の人生を変えてくれたのです。

〝ハンセン病〟の正しい知識を得るうちに、根強く残る誤解と差別をなくしたいと思うようになり、二〇〇二年四月、ハンセン病問題を考える「長島と鳥取を結ぶ会」を結成したのです。長島は国立ハンセン病療養所の「長島愛生園」がある岡山県の島です。

そのころ、女性平和委員会の皆さんに招かれて、米子文化会館での「平和の文化フォーラム」に参加しました。

韓国人と被爆者という二重の差別と戦い抜いた張福順《チャンボクスン》さん(故人)の講演でした。教育の機会がなかった彼女が、信仰と努力で五十七歳にして大学に入学。その後、講師として高校の教壇に立たれた、その生き方に大感動しました。

創価学会の皆さんが生き生きと活動されている姿を通し、信念を持って生きることが、どれほど素晴らしいことか、と感動。その人の最高の生き方を引き出す大切なものだということを教えていただいています。

池田SGI会長が尽力されている教育も、その一つです。私も教育の重要性を強く感じています。いつも講演で、学校にも行けなかった〝ハンセン病〟の子どもたちの話をして、呼び掛けるんです。「皆さんは自分のためにしっかり勉強をしてください」と。

次代を担《にな》う子どもたちには、学校で本当のことを知り、いまだに残る差別をなくしてほしいのです。だから、教育が大事なのです。

私は学会員ではありませんが、多くの青年が活躍する学会の皆さんと共に、今後も差別のない社会づくりを目指していきたいと思います。

(二〇一三年十二月六日付掲載)

本物と出合う場を提供したい

とっとりコンベンションビューロー
理事長
長谷川泰二さん

はせがわ・たいじ
1946年、米子市生まれ。鳥取県文化振興財団評議員、山陰コンテンツビジネスパーク協議会代表理事などを務める。

私は〝鳥取県を元気にしていきたい〟との思いでずっと行動してきました。そのなかで「人の集う街」にと推進し、形になったのが「とっとりコンベンションビューロー」です。

民音のコンサートを何度も開催していただいております。本物に触れることは、どの世代にとっても触発となり、一回のコンサートがきっかけで生き方が変わったという人もいます。そのような出合いの場を、一緒になって提供していきたいと思っています。

十月に新「米子文化会館」の開館式に参加。ここは〝人生の学びの場〟であり、本当に幸せな空間だなと、憧《あこが》れを感じました。

今の時代、多くの人が自信を持てず、どう生きていくのか、答えを求めています。

私は子や孫には、図書券や本をプレゼントするように心掛けています。読書にもまた出合いがあります。先人たちの生き方や歴史のなかに未来があり、幸せにつながる道があるからです。

創価学会は小学校などへ、本の贈呈運動をされています。また「世界の書籍展」にも招待され、感銘《かんめい》を受けました。素晴らしい取り組みです。池田ＳＧＩ会長の著書をたびたび読みますが、読んだ後にスッキリします。何にこだわっていたんだろうと思うこともあります。

人は無限の可能性を持っています。もっと自分の力を信じ、人のために命を使い切っていくことです。人を変えるのは難しいですが、自分は変われる。そう皆が思えれば、もっと社会は良くなるんじゃないでしょうか。

そのような生き方をしているのが、創価学会の皆さんです。人生の原理原則にのっとり、それを広めている。また地域を愛し、素晴らしい着眼点で日々、懸命《けんめい》に取り組まれる姿に期待を寄せています。

（二〇一四年十二月二十六日付掲載）

師のもとに団結して平和へ前進

「米子市歴史館」運営委員会
運営委員長
杉本良巳さん

鉄筋コンクリートの三階建てで、赤レンガ色の壁が遠目でも映《は》える米子市立山陰歴史館は、もともと米子市の旧庁舎でした。この建物が建築されたのは一九三〇年で、創価学会の創立と〝同い年〟に当たります。さらに本年、池田SGI会長が米寿《べいじゅ》を迎えられました。私も一九二八年生まれで、もうすぐ米寿。うれしい縁《えん》を感じます。

学会といえば、平和・文化活動に非常に積極的という印象があります。今まで学会の催《もよお》しに、何度か参加してきました。一九九六年には、鳥取県の青年部が主催した「青年平和講座」で講師を務めました。皆さんの話を聞く姿勢、そして、役員の誠実な対応に感心したものです。また、展示活動も目を見張るものばかり。「世界の教科書展」や「世界の書籍展」、〝ホロコー

すぎもと・よしみ
1928年、西伯郡生まれ。小学校校長を経て、米子市立山陰歴史館館長などを歴任。文部科学省地域文化功労者表彰など多数受賞。

スト展〟など、視点も多岐《たき》にわたっていますね。歴史館では、米子市の繁栄《はんえい》・発展の様子や歴史を、民俗資料などで展示していますが、こうした文化や思想を、もっと、さまざまな方法で発信する重要性を感じています。その意味で、学会の諸活動からは学ぶべき点が多く、高く評価しています。

現在、百九十二カ国・地域にSGIメンバーがいると伺《うかが》いました。ここまで学会が発展できたのは、SGI会長という師匠のもとで、皆が心を一つに団結して〝平和実現〟へ前進してきたからだと思います。さらに世界的な視野に立ち、多くの分野で、活躍されることでしょう。

私の座右《ざゆう》の銘《めい》は「今のうちに仕事をしよう」です。限りある時間のなかで、寸暇《すんか》を惜しんで平和な社会の実現のために尽くしたい。SGI会長も全く同じ思いだと確信します。

学会青年部の皆さんが、師匠と同じく、一瞬一瞬を大切にされゆくことを心から念願します。

（二〇一六年一月二十二日付掲載）

島根県

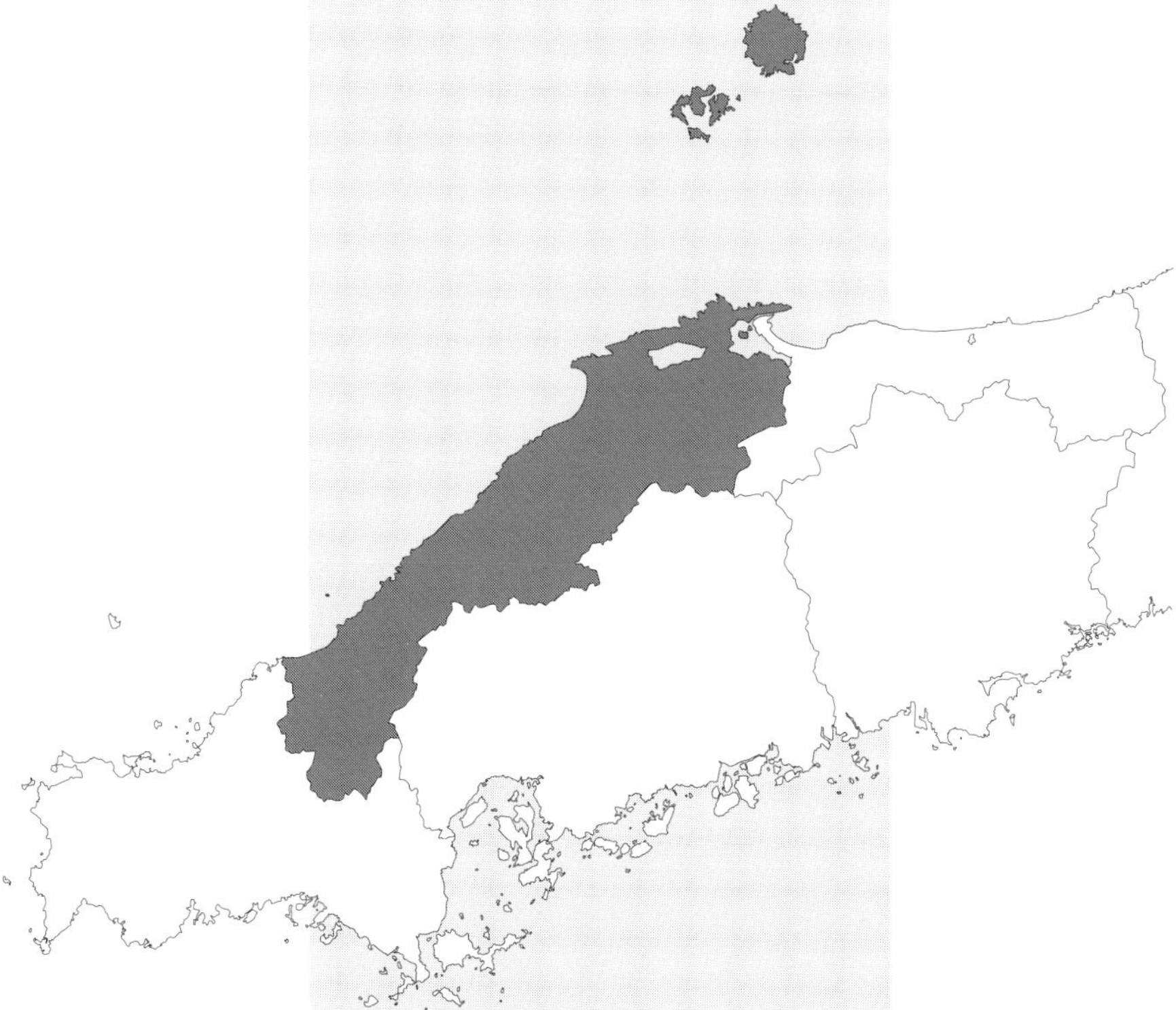

創価学会は〝思いやりの心〟を持つ人の集まり

松江市ボランティアセンター　所長
山本寿子さん

私が学会主催の行事で印象に残っているのは、二〇〇六年六月、島根県松江市で開催された「世界の絵本展」に来賓《らいひん》として出席したことです。それは、国を超え、民族を超えて、互いを〝思い合う心〟が大切であると感じさせる内容でした。

やまもと・としこ
島根県松江市出身。聖母女子短期大学看護科、佛教大学社会福祉科卒業。1965年から母校の松徳女学院中学・高校に勤務し、定年後は同校の非常勤講師に。シマネスククにびき学園（島根県高齢者大学校）講師、日本ボランティア学習協会理事を務める。

私は、看護師を目指していた高校・大学時代、宗教や立場などで人を差別するのではなく、誰に対しても〝思いやりの心〟を持って接することの重要性を徹底して学びました。卒業して、カトリック系の学校に保健教諭として就職した時も一貫して〝心の教育〟を生徒に伝えてきました。

そんなこともあり「世界の絵本展」では、その趣旨に深く共感し感銘《かんめい》を受けたのです。

また今、私は「グラフSGI」などの出版物を読んでいます。読むたびに池田SGI会長は、出会う一人一人に〝尊重する心〟を持って接していらっしゃる人だと感じます。その〝心〟を伝えていけば、世界を平和に変えていけるのではないでしょうか。

小さな「出会い」でも「つながり」を持つことで、人々の心は豊かになっていくことを日々、実感しています。

その点からも、学会は、まさに〝思いやりの心〟を持つ人の集まりです。今後も、このご縁《えん》を大切にし、心の通った友好を深めていきたいと思います。


（二〇〇八年十二月十二日付掲載）

創価学会の活動は社会の手本

松江市城東地区町内会
自治会連合会　会長
中林富夫さん

なかばやし・とみお
1936年、島根県生まれ。定年まで和・洋菓子職人として活躍。松江洋菓子技術研究会の会長を務めた。県知事賞、卓越技能賞などを受け、現代の名工に選定。定年後、島根県和菓子技術専門校の講師も勤めた。

二月二十八日、和菓子職人（「現代の名工」に認定）としてブロック・フェスティバルに招待され、地域の学会員の方たちに「桜もち」を作り、喜んでいただきました。

私が創価学会と出合ったきっかけは、自治会で活動されている会員の方と知り合ったことです。今から三十年以上前になるでしょうか。清掃や防犯パトロールなど人のために尽くし、地域を守るお姿に感銘《かんめい》を受けたのを覚えています。

私が自治会連合会会長を務める城東地区は、松江城の築城以来、政治、経済、文化の中心として栄えてきました。

その城下町にこのたび、立派な「島根文化会館」が建設されましたことは、私たち住民にとって大変喜ばしいことです。松江市にあれほど壮麗《そうれい》な建物はないと言っても過言ではなく、平成の「松江城」に重ね合わせて見ることができると思います。

二〇〇四年に開催された「偉大な指導者　周恩来」展（島根文化講堂）に参加させていただきましたが、池田ＳＧＩ会長が一九六八年に行った「日中国交正常化提言」以来、一貫して日中友好の道を切り開いてこられた歴史を知り、深い尊敬の念を抱きました。

遠大な世界平和へ向けて行動するとともに、地域貢献の活動に取り組まれる皆さんの行動は、ＳＧＩ会長率先《そっせん》の行動があってこそでしょう。

学会での活動こそ、社会の手本になると言えます。これからも創価学会に心から期待し、応援していきます。

（二〇一〇年三月五日付掲載）

一貫した哲学・行動に深く感銘

大田市文化協会　顧問
勝部義夫さん

かつべ・よしお
1934年、島根県生まれ。帝国劇場から東宝専属俳優になり、56年に公開された東宝配給作品『白夫人の妖恋』でデビュー。円谷プロダクションの作品などに常連的に出演した。現在も日本映画俳優協会の会員として活躍。2010年に山陰中央新報社地域開発賞、第49回文化賞を受けた。

創価学会との出合いは、一九七三年、七六年に公開された映画『人間革命』『続・人間革命』への出演でした。

私は、五三年から東宝映画の専属俳優となり、ウルトラマンシリーズなど、三百本を超える作品に出演しました。そのなかでも、この二つの『人間革命』は、脇役ではありましたが、思い出深い作品の一つです。

当時、映画を制作する学会にとても勢いを感じたのを覚えています。俳優仲間にも、熱心に信仰に励む会員がおり、学会の座談会に参加したこともあります。以来、池田ＳＧＩ会長の著作も拝読しています。

現在は、映画界での経験を生かし、「大田名画シアター」の設立をはじめ、実行委員長として「しまね映画祭」などのプロデュースをしています。次代を担《にな》う若者とともに、良き文化の伝統を生かしながら、ふるさとの発展に努めています。

「自然との対話――池田大作写真展」が先月、大田市で開催されました。実は、お誘いいただくまでＳＧＩ会長が写真を撮られることを知りませんでした。写真を撮影して三十年になる私は、心をときめかせて拝見しました。

どの作品も明るく、四季《しき》折々《おりおり》の風景を自然のままに表現する技術は、大いに勉強となりました。春は桜のピンク色、夏は新緑鮮やかな緑色、秋は紅葉《もみじ》の赤と黄色、冬は雪景色の白と黒のコントラスト。〝日本人の心のふるさと〟を感じ、ＳＧＩ会長の世界平和を願う心が写真に反映されており、ただただ感動するばかりでした。

創価学会は、一貫して〝平和・文化・教育〟をテーマに掲げて行動してきた長い歴史があります。その尽力に感銘《かんめい》を深くしています。それを可能にしたのは、信念あるリーダーの存在でしょう。これからも、池田先生を先頭に、パワーあふれる会員の皆さまの活躍を期待しています。

（二〇一一年十一月十一日付掲載）

〝人間の絆〟の大切さを知る

島根県立大学　准教授
ワジム・シローコフさん

Vadim Shirokov
1960年、ロシア・モスクワ生まれ。専門は日露関係史、ロシア語教育など。モスクワ国立大学卒業後、ロシア科学アカデミー東洋学研究所研究員に。千葉大学文学部修士号を取得。1994年から2001年までNHK 教育テレビ「ロシア語講座」の常勤講師などを務めた。

二〇一一年十月に島根文化会館で開催された聖教文化講演会に講師としてお招きいただきました。池田先生との出会いから三十年の節目にあたる本年、講演の機会をいただき、とても光栄に思っています。

今回の講演は、仕事で知り合った創価学会のご婦人との出会いがきっかけでした。

「池田先生を知っていますか？」——彼女の質問を機に、三十年前の話に花が咲きました。

三十年前といえば、世界はまだ厳しい東西冷戦の渦中《かちゅう》にあり、ソ連と日本の外交関係も良好ではありませんでした。日本の大学との交流は、創価大学を含めて二校だけでした。

池田先生の三度目のソ連訪問となった一九八一年五月、モスクワ大学で創価大学との交流会「日ソ学生友好の夕《ゆう》べ」が開催され、日本語を学んでいた私は司会を務めました。日本語教師で、池田先生の通訳を務めたストリジャック先生が「日本語ができないからこそ、挑戦してほしい」と。この機会をつくってくれた亡き恩師に感謝しています。

　池田先生の民間外交を目《ま》の当《あ》たりにし、人間と人間の絆《きずな》を大切にされた行動が、日本への見方を大きく変えたと私は思います。

　なかでも、強く印象に残っているのは、コスイギン元首相とモスクワ大学のホフロフ元総長の自宅を訪れたことです。ソ連初訪問から交流を深めてきた二人でしたが、八一年の訪問時には、すでに亡くなっていました。しかし、池田先生は夫人や子息に心からの励ましを送られたのです。

　第一線から退《しりぞ》いた人は、〝昔の人〟という考え方を一変させた先生の行動は、どこまでも人を大切にする人間の深さを教えてくれたと思っています。

　今こうして、ロシアと日本が友好関係にあるのも、池田先生の民間外交のおかげです。これからも、草の根の交流を通して、さらなる友好を築いていきたいと思っています。


（二〇一一年十二月九日付掲載）

韓国ＳＧＩの発展に驚嘆！

在日本大韓民国婦人会
島根県地方本部　会長
崔　明美さん

チェ・ミョンミ

島根県江津市出身。在日韓国人。1970年から75年まで韓国に留学し、梨花女子大学を卒業。大韓航空福岡空港に勤務した後、松江商業韓国語非常勤講師、しまね国際交流センター評議員を務めた。

七年前、島根文化講堂で開催された「平和フォーラム」に参加しました。そこで私と同じ在日韓国人である張福順《チャンボクスン》さんの講演が、今でも忘れられません。

広島での被爆と在日という二重の差別。張さんの苦しみは、筆舌《ひつぜつ》に尽くせぬものであったと思います。そのなか、創価学会の信仰に出合い、前向きに生き抜いてきた姿に大変、感銘《かんめい》を受けました。

私は日本で生まれ育ち、五年間、韓国に留学した経験があります。一九七〇年代当時、反日感情が激しくて、在日の私でも、ひどい中傷を言われてきたものです。

だからこそ、ここ十年ぐらい聖教新聞を購読してみて思うのですが、韓国ＳＧＩが活動できていることが、いかにすごいことか、と。日本の宗教が受け入れられることは、留学時には想像もできませんでした。

そして何より感動したのは、池田ＳＧＩ会長が韓国を「文化大恩の国」とおっしゃっていることです。どれほど勇気のいる発言であるか、私にはよく分かります。

ＳＧＩ会長が韓日友好の懸《か》け橋を築くのに大きな役割を果たしてきたことは、韓国の行政機関や大学、各種団体などから、数多く顕彰《けんしょう》されていることが物語っています。

長年、私は韓国の伝統音楽や料理などの文化を紹介するイベントを開催し、韓日の文化交流を深めてきました。これには、多くの日本人サポーターの協力をいただいております。今年三月に行った「韓流の夕《ゆう》べ」も大盛況で終えることができました。いよいよ、民間の文化交流は、活発になっていることを実感しています！

かつて、「日本人でもなく、韓国人でもない私って何者なんだろう」と随分、悩んだ時期がありました。でも、今は違います。私にしかできない〝使命〟があることを聖教新聞や張さんの体験を通して、一層、確信しています。

（二〇一二年六月十五日付掲載）

地域に根を張る創価学会に共感

山陰民俗学会　会長
酒井董美さん

私は現在、山陰民俗学会の会長をしています。一九六五年ごろから、民話の収集活動を行っていますが、民話とは、民衆のなかから生まれ、伝承されてきた説話のことです。島根・鳥取県などの農漁村を舞台に、現地に行って、古老《ころう》らから直接話を聞いて、録音。その集めた数は現在、一万点以上になります。

きっかけは中学校の教員をしていた時。授業で、生徒に地元を見つめてもらうために、収録した近辺の民話やわらべ歌を披露《ひろう》すると皆、喜んで聴いてくれました。

創価学会といえば、今から二十年以上前、高校の教員時代のこと。たまたま創価学園の生徒と同じ列車に乗車し、学園生の整然とした態度に感心した覚えがあります。

最近では地元・松江市の学会員さんに誘われ、

さかい・ただよし
1935年、京都府生まれ。元島根大学教授。中学校・高等学校に勤務した後、島根大学法文学部に勤務。99年、鳥取短期大学教授となり、2004年退職。12年まで松江市の出雲かんべの里館長。山陰両県の口承文芸を収録・研究。著書多数。1987年に久留島武彦文化賞を受賞した。

二〇〇四年に島根文化講堂で開催された「偉大な指導者　周恩来」展をはじめ、数々の展示に参加させていただいております。

学会の運動で素晴らしいと思う点は、自身が居住している地域に根を張り、友好を広げておられるところです。

池田ＳＧＩ会長が創立した創価大学が、一九七五年に中国からの国費留学生六人を、いち早く日本で受け入れた歴史も伺《うかが》いました。私も国立大学や短期大学で教壇に立っていた時、留学生を受け入れたことがありましたので、ＳＧＩ会長の先見性に感銘《かんめい》を受けました。

現在、日中韓で連携し、民話を世界に発信する研究もしています。世界に開かれた学会と心を一《いっ》にして、今後続く後進の育成に力を注いでいきたいと考えております。

（二〇一二年十月十九日付掲載）

青年部が中国とさらなる友好を

中国河北師範大学
法政管理学院　教授
盛山正義さん

せいやま・まさよし

1936年、台湾生まれ。島根大学法文学部卒業後、山陰合同銀行に勤務。総合企画部長、倉吉支店長などを歴任。(株)山陰経済経営研究所専務取締役、吉林大学東北アジア研究院兼任教授を務めた。

同じマンションに住む学会員さんと交流を重ねるようになったのは、二〇〇一年ごろからでしょうか。とても親切な方で〇四年には、島根文化講堂で開催された「偉大な指導者　周恩来」展を一緒に鑑賞。この時、池田先生が日中友好に尽力してきた歴史を深く知り、改めて尊敬の念を深めたものです。

実は池田先生との忘れられない思い出があるんです。二十代の終わりごろのこと。島根の会社から東京に転勤になりました。遠く故郷を離れ、慣れない環境に苦労していた時、取引のあった創価学会の池田先生から、励ましの言葉を頂いたのです。厳しい競争社会にあって頂いた温かい激励は、若かった私の心に深く残りました。

その後、私は一九九四年、五十六歳の時に縁《えん》あって中国の吉林大学の客員教授に。その数年後、池田先生が外国人として初めて同大学の名誉教授になられて驚《おどろ》きました！　先生が今や、五十*を超える中国の大学から名誉学術称号を授与されているのも、あの〝周恩来展〟を鑑賞して、得心《とくしん》しました。

私は中国の学生が島根大学に留学する際、何度か保証人になり、苦労したこともあります。だからこそ、創価大学を創立した池田先生が、一九七五年に新中国から初の留学生を受け入れたことは相当な覚悟が必要だったはずです。それだけに、どれほど中国を大切に思っていたかが、よく分かります。大事なのは教育交流です！　そして、会って対話を重ねることです。学会青年部の皆さん、中国、そしてアジアに行って、友好を一層、深めてほしい。語学は大丈夫。私が五十六歳から勉強して中国語を話せるようになったのですから。池田先生の後を継いでほしい。行くのは〝今〟です！

（二〇一三年七月五日付掲載）

＊聖教新聞掲載当時。二〇一六年十月現在で、中国の大学・研究機関からの名誉学術称号は百十八。

共に文化・芸術で地域と共生を！

島根県芸術文化センター「グラントワ」支配人
末成弘明さん

二〇一三年一月、「グラントワ」の支配人に就任しました。その使命とは、次代を担《にな》う子どもたちに、文化・芸術を通じて希望を送ることです。

当館は、民主音楽協会(民音)のコンサート会場としても活用されています。かつて戸田第二代会長が、「文学にしろ、音楽にしろ、一流のものに触れよ」と、青年に指導されたそうですが、まさにその通りだと思います。私も、本物に触れていくなかで豊かな人格を育《はぐく》んでいける、と実感しています。

また、民音創立者の池田SGI会長が「庶民が下駄履《げたば》きで行けるコンサート」を目指した視点は、本当に素晴らしい。私たちも、地域に根差した出張コンサートをしています。幅広い世代の人々に芸術に触れてもらおうという、民音

すえなり・ひろあき
1952年、島根県生まれ。山陰中央新報社西部本社代表などを歴任。現在、いわみ芸術劇場館長、(公財)しまね文化振興財団理事も務める。

の理念と共通すると自負《じふ》しています。

私は新聞社に勤務していた関係で、聖教新聞を長年、愛読しています。先月から大幅に刷新され、十二面もカラー紙面となり、読みやすくなりました。大胆な発想に感服しました。心を打つ信仰体験など、毎日、隅々まで読んでいます。

私は当初、聖教新聞に出てくる会合や人物の笑顔写真は、つくられたものだと思っていました(笑い)。しかし、違いました。学会の展示や民音で学会員と接するうちに、その誤解は解けていきました。

民音のコンサートを鑑賞する方々は非常に礼儀正しいし、私の近隣に住む学会員の誠実な振る舞いに、印象は大きく変わりました。私の見た学会は、「庶民の団体」そのものです。

本年三月、池田SGI会長が山陰中央新報に特別寄稿された、「共生の理想郷・シマネ」で、山陰中央新報社を〝「地域との共動」で模範の貢献〟と、たたえてくださいました。

私は、文化・芸術を通して、地域と共生していきたい。学会ほど、私の思想と共感する団体はありません。これからも民音を通した文化・芸術の交流で、世界の人々の魂《たましい》を潤《うるお》す創価学会の運動に期待をしています。

(二〇一四年六月二十七日付掲載)

他者に尽くす「共生の社会」を

石見銀山資料館　館長
仲野義文さん

なかの・よしふみ
1965年、広島県生まれ。㈶鉄の歴史村地域振興事業団学芸員を経て、93年から同資料館の学芸員となる。2007年から現職。石見銀山遺跡調査活用委員会委員。

二〇一四年、「自然との共生」をテーマに、聖教新聞で石見銀山《いわみぎんざん》の紹介を掲載していただきました（五月十八日付「トークの花束」）。その後、全国からメールや手紙などを頂き、その反響《はんきょう》の大きさに驚《おどろ》いています。

私が学生時代に住んでいたアパートに学会員のご婦人がいて、たびたびご飯を作ってくれました。本当に優しくしてくださったのを覚えています。

また、石見銀山周辺では貸自転車店やそば屋を営む方など、多くの学会員が地域の幸福を願い、尽力されています。一九九三年に石見銀山資料館の学芸員になってから、その学会の友人らと共に世界遺産登録に向けて話し合ったり、チラシを配ったりしたことも貴重な思い出になっています。

同資料館の意義は、歴史を学び、未来への教訓にすることです。過《あやま》ちを繰り返した過去を紐解《ひもと》き、個人や社会が「心の変革」を目指すことが大切です。

以前、創価学会学術部の研修会に招かれました。そこで「依正不二《えしょうふに》」という仏法の教えを知ったんです。自身が変わることによって、周りの環境を変革していく。その主体的な生き方に、大変に感銘《かんめい》を受けました。

また二〇一四年三月には、創価学会主催の「わたしと地球の環境展」の開幕式に出席。聖教文化講演会でも講演をさせていただきました。

石見銀山は、奇跡的なほど豊かな自然を保持し続けています。それは、「自然」と「人」が共生した良き伝統があったからです。

〝自然への畏敬《いけい》〟〝助け合いの精神〟――それらは、日本古来の素晴らしい精神です。偏狭《へんきょう》なエゴイズムが支配する昨今《さっこん》、その精神が失われつつあるのも事実です。

「共生」とは、相手の幸福にどこまで責任を持てるかです。学会の目指す他者の幸福に尽くす生き方に、「共生社会」の実現への鍵《かぎ》があると思います。

（二〇一五年三月十三日付掲載）

〝共生の社会〟が平和を築く

島根大学　名誉教授
平塚貴彦さん

十数年前、学会員の友人に誘われて、初めて創価学会主催の展示を見ました。それから学会のイベントがあるたびに参加しています。青年役員のすがすがしい態度が、とても印象的で、特に女性の誠実な対応が素晴らしい。

〝山光提言〟三十周年の二〇一四年、聖教新聞に共感の声を寄せました。そこでも訴えましたが、今、社会で一番求められているのは、「共生」の生き方です。それは、同年三月に山陰中央新報に掲載された池田ＳＧＩ会長の特別寄稿「共生の理想郷・シマネ」で強調されています。

〝人と人〟〝人と自然〟が共に生きる共生は、戦争の対極にあります。人間はこれまで、経済活動を優先して生きてきました。心のどこかで〝人間は特別な存在〟という奢《おご》りがあり、それが環境破壊につながっています。そこからは何も

ひらつか・たかひこ
1939年、愛知県生まれ。現在、島根農政研究会会長、島根県食育・食の安全推進協議会会長なども務める。

生まれません。

　私は浄土真宗ですが、そういった宗教・政治・思想の垣根《かきね》を超えて、「共生」を実現していくことが平和につながると確信します。

　これほどまで多岐《たき》にわたり、平和運動の先頭に立ち、具体的に実行されている団体を学会の他に見たことがありません。

　今、若者は社会に対して無関心で、おとなしくなっています。大学紛争の時代を知っているからそう感じるのです。世の中の出来事を人ごととする風潮があります。自分にできることは何かを常に問いかける姿勢と、課題に正面から向き合う意識を持ってもらいたい。そのためには学ぶことです。

　また、そういった若者を育てなくてはなりません。学会には、青年部の他にも未来部があり、「後継の人材」が育つ仕組みになっていると伺《うかが》いました。これは模範ですね。

　学会の青年部には平和創出の使命があります。これからも幅広い分野での活躍を期待しています。


（二〇一五年九月二十五日付掲載）

太古の「平和と愛」を現代に展開

八雲立つ風土記の丘　前所長

本間恵美子さん

ほんま・えみこ

松江市生まれ。島根県の女性学芸員の草分けとして、古代神話をテーマにした各種展覧会を企画。現在、しまね文化振興財団写真文化事業室長、松江城姉さま鉄砲隊隊長など多岐にわたって活躍している。

私が二〇一五年三月まで勤務していた「八雲《やくも》立つ風土記《ふどき》の丘」では、縄文《じょうもん》時代から奈良時代に至るまでの考古資料を多数収め、「古代出雲ブーム」の先駆けとなってきました。

所長という立場で、島根文化会館の開館式や「わたしと地球の環境展」など、創価学会の諸行事に参加するなかで、創価の女性の素晴らしさを感じる機会がありました。

二〇一四年十月には、女性平和委員会主催の「子どもたちとつくる平和の文化フォーラム」にも出席。感動的な体験談を涙ぐみながら聞かせていただきました。

過去から現在に至るまで不変の女性の心。その一つが「平和を願う心」ですね。

日本の歴史を振り返ると、縄文時代には「土《ど》偶《ぐう》」という女性をかたどった人形が制作されました。

多産・豊作に関わる母神像との説があり、子孫繁栄《はんえい》・一家安穏《あんのん》を願う慣習がありました。それが青銅器や鉄器の出現で男性の抗争が生まれ、二〇〇〇年前の弥生時代には初めて戦争が起こります。

人間の飽《あ》くなき欲望――それが現代の紛争解決に光明が見えない一因ともなります。

また女性の「人を愛する心」も不変です。編纂《へんさん》されて千三百年となる日本最古の歴史書『古事記』には、山陰地方が舞台となった神々の話が記されています。同書を女性の視点で熟読すると、国土生みと神生みを行ったイザナキとイザナミの「男女愛」だけでなく、「夫婦愛」「兄弟愛」など、愛のエピソードが随所に織り込まれているのに気が付きます。

太古の女性が願い続けてきた「平和」と「愛」――それを現代社会のなかで広げているのが、創価学会の女性の皆さまです。

「一人の力がやがて世界を動かす大きな力となる」とあるように、創価学会の皆さまの地道な活動が社会に大きく発展することを心から願っております。

（二〇一五年十二月四日付掲載）

あとがき

『聖教新聞』中国版では、二〇〇八年（平成二十年）五月から本年四月まで、中国五県の有識者の方々にインタビューし、創価学会に対する印象や感想を率直《そっちょく》に語ってもらう「私の見た『創価の世界』」を連載してきました。

「学会員ではない方が、創価学会をどう評価しているのか？」――この問いに、有識者ご自身が見た池田SGI会長の行動や、学会員との実際の触れ合いなどを通して、明快な答えをいただき、毎回、大きな反響《はんきょう》を呼んできました。

このたび、読者の皆さまからの強い要望もあり、連載された方々の快諾《かいだく》を得て、単行本として出版される運びとなりました。

日蓮大聖人は「仏は文字に依《よ》って衆生《しゅじょう》を度し給《たも》うなり」（創価学会版『日蓮大聖人御書《ごしょ》全集』一五三ページ）と。仏は、文字によって「人間を救う」という御聖訓《ごせいくん》です。この誉《ほま》れ、この使命を胸に、これからも「文字の力」で、勇気と希望を送り続けてまいります。

今回の発刊にあたり、ご協力いただいた関係者の皆さまに、厚く御礼申し上げます。

二〇一六年秋

聖教新聞社中国支社編集部

編集部長　伊藤　博

カバー写真／池田大作SGI会長撮影
（2016年4月、東京・八王子）

装幀・デザイン／株式会社エイブレイン

連載「私の見た『創価の世界』」取材・編集者／野村克己、松宮政幸、伊藤博、中山正士、松浦正浩、弘中雅幸、瀧川英一、木村正一、西牧弘喜、森下伸幸、中谷和将、小川貴久、升田美樹雄、平岡伸一、村上和広、渡部高志、二ツ橋伸幸、橋﨑創太朗、戸田光三、岸本博司、岩渕光明、牧本勇太、美甘博史、城戸正明

私《わたし》の見《み》た「創《そう》価《か》の世《せ》界《かい》」

2016年10月８日　初版第１刷発行
2016年11月18日　初版第２刷発行

編　者　聖《せい》教《きょう》新《しん》聞《ぶん》社《しゃ》中《ちゅう》国《ごく》支《し》社《しゃ》
発行者　大島光明
発行所　株式会社　第三文明社
東京都新宿区新宿1-23-5
郵便番号　160-0022
電話番号　03（5269）7144（営業代表）
03（5269）7145（注文専用）
03（5269）7154（編集代表）
振替口座　00150-3-117823
URL http://www.daisanbunmei.co.jp/
印刷・製本　藤原印刷株式会社

ISBN 978-4-476-06231-1